教育部人文社会科学研究项目（11YJC790098）
本书受到 天津市教育科学“十二五”规划项目（HEYP5010） 的资助
天津市高等学校人文社会科学研究项目（20082105）

经济管理学术文库·经济类

服务型制造网络协调机制研究

Study on Coordination Mechanism for Service-oriented Manufacturing Network

刘炳春 / 著

图书在版编目（CIP）数据

服务型制造网络协调机制研究/刘炳春著. —北京：经济管理出版社，2012.5

ISBN 978-7-5096-1833-2

Ⅰ. ①服… Ⅱ. ①刘 Ⅲ. ①制造工业—经济发展—理论研究 Ⅳ. ①F407.4

中国版本图书馆 CIP 数据核字（2012）第 041691 号

出版发行：经济管理出版社
北京市海淀区北蜂窝 8 号中雅大厦 11 层
电话：(010)51915602　　邮编：100038

印刷：北京银祥印刷厂　　经销：新华书店

组稿编辑：邱永辉　　责任编辑：邱永辉
责任印制：杨国强　　责任校对：张　颖

720mm×1000mm/16　　13.25 印张　　166 千字
2012 年 5 月第 1 版　　2012 年 5 月第 1 次印刷

定价：48.00 元

书号：ISBN 978-7-5096-1833-2

序

联合国国际环境高峰会议于1992年将可持续发展这一概念列入了会议的第21项议程。可持续发展理论在世界范围内逐步得到认可。近年来，经济的全球化程度日益加深、人类面临的资源与环境压力与挑战越来越大，顾客需求进一步复杂化，企业竞争的形式不断发展。为了应对环境经济方面新的需求，许多学者提出了绿色设计、清洁生产、生态制造等一系列理论，希望从产品的设计和制造环节入手，从供应链的最初端控制和减少环境污染。但是，这种由改善产品性能和过程所带来的环境收益，却被消费的过度增长所抵消，所以人们往往把这种现象称为“弹性效应”。

正是在这种环境条件下，服务型制造作为一种新型的生产组织方式，不断得到重视和发展。2007年，孙林岩教授发表了《21世纪的先进制造模式——服务型制造》，第一次提出服务型制造的概念，认为发展服务型制造有助于提高中国制造企业的竞争力，促进制造业结构升级和区域经济的均衡发展。其产生的背景是为了降低由于环境问题所带来的压力，改变传统的制造业和服务业分工的格局，将处于相互分离状态的生产和消费环节进行融合，构建整体的制造服务组织来满足社会需求。

目前，国内外对服务型制造方面的探索已经取得了一些成就，但主要侧重于概念模型的建立、价值机理的分析、工程技术和工艺设计等方面，缺乏对服务型制造网络组织协调与管理网络成员之间的关系方面的研究。但事实上，影响服务型制造网络发展的因素不仅仅是技术问题，而多数情况下协调网络成员的关系比技术问题更重要。

为提高我国企业的竞争优势，满足社会可持续发展，构建整合制造和服务资源的服务型制造网络组织，已经成为先进制造领域急需解决的理论与实践问题。为此，本书以促进制造企业转型为目的，以服务型制造网络为研究对象，围绕“服务型制造网络应该具备什么样的特征？服务型制造网络形成机理是什么？在服务型制造网络协调过程中包含哪些层面的内容？服务型制造网络整合对企业绩效有哪些影响”等问题进行了规范和实证研究。

首先，本书剖析了服务型制造网络的形成机制。从资源依赖、核心能力、组织学习、社会关系、交易成本五种理论基础上论证服务型制造网络形成的必然性。然后从内在生成和外在推动两个角度分析影响服务型制造网络形成的具体因素。提出外部因素主要关注于成本推动、效益拉动和环境取向三个方面，而内部因素关注网络系统自身的自组织和协同。

其次，本书建立了服务型制造网络的利益协调机制。在分析供应链契约和网络协调相关原理的基础上，提出了服务型制造网络利益协调模型。并从产品服务系统的形成和消费过程，将服务型制造网络利益协调划分为内部协调和外部协调。内部协调主要分析在四种不同状态下服务商和制造商的利益协调关系，而外部协调是研究在供应商与消费者之间建立基于回馈与惩罚策略的利益协调机制。

再次，本书提出了服务型制造网络组织协调机制。本书在对服务型制造网络组织关系研究的基础上，建立服务型制造网络组织协调机制；运用可拓识别方法对服务型制造网络中的企业的核心状态进行识别，建立网络中企业的层级结构，帮助实现网络资源的有效的配置和使用；运用罗杰斯特方程研究服务制造网络中制造商、服务商和消费者三个主体的生态效率增长情况，寻找服务型制造网络中理想的运作模式及其实现条件。

最后，本书对服务型制造网络整合对企业绩效的影响机制进行了理论分析和实证研究。本书在理论分析的基础上提出了服务型制造网络整合方式和路径；并应用实证研究方法检验服务制造整合通过竞争优势和顾客绩效中介变量对企业绩效有正向影响作用的研究假设。

服务型制造是一个全新的学术研究领域。因此，尽管当前关于服务型制造的结构设计、涵义解读的研究成果非常丰富，但关于服务型制造网络组织关系的研究成果尚显不足。服务型制造网络是一个复杂的网络系统，所以相关的研究也是一个复杂性问题研究。该领域涉及生态学、管理学与系统工程等学科，需要综合各种优化的定量方法。尽管本书已对服务型制造网络做了较为系统的研究，但仍然还有一些问题有待进一步深化。尤其是组织成员的信任机制问题，在服务型制造网络中，信任是组织建立的基础，是进行组织协调的前提条件，后续我们将研究重点放在服务型制造网络的信任机制形成和发展规律方面。

长风破浪会有时。只要我们以科学求真的态度分析和解释服务型制造在国内的研究和实践，不断加深和完善对服务型制造网络问题的认识，必将为中国制造业的腾飞和发展做出新的、更大的贡献。

刘炳春

2012 年 3 月

目 录

1 绪论

在当今社会，制造业的外部环境发生了显著变化。经济的全球化程度日益加深、人类面临的资源与环境压力和挑战越来越大，顾客需求进一步复杂化，企业竞争的形式不断发展。正是在这种环境条件下，服务型制造作为一种新型的生产组织方式，不断得到重视和发展。将传统分散化的制造企业、服务企业和顾客协同化运作，就形成了服务型制造网络组织。服务型制造网络组织通过企业业务流程和工艺流程的专业化分工，实现交易成本的降低以及规模经济和生态经济效应。为提高我国企业的竞争优势，满足社会可持续发展，构建整合制造和服务资源的服务型制造网络组织，已经成为先进制造领域急需解决的理论与实践问题。

1.1 研究背景

服务型制造模式的出现来源于世界国民经济与社会发展形势的不断变化。尤其是经济全球化趋势、资源环境的挑战、顾客需求的多样化、企业竞争态势的改变为服务型制造模式的产生、发展以及实施运行提供了动力学基础。

1.1.1 经济全球化趋势

经济全球化是世界性经济发展的趋势，同时也是目前世界经济系统的主要特征之一。经济全球化最早是由特·莱维于 1985 年提出的。它是指由于技术进步和社会生产力快速发展的作用，社会各方面经济活动已经超出了国界，开始在全球范围内发展的一种过程形式。其具体活动内容包括由生产、交换、分配、流通、消费等环节组成的社会实体经济活动以及由货币、商品等资本形态组成的虚拟经济活动。经济全球化的本质是将生产过程向世界化以及经济关系向国际化推进的一个发展过程，也是资本全球化的一个客观发展趋势。其形成的条件是科学技术发展到一个较高的水平，各个生产主体之间相互依赖、相互渗透的关系不断增强，阻碍商品全球化流通的贸易壁垒不断削弱，全球化的经济运行制度逐步建立。经济全球化过程有利于合理配置全球的各种资源，有利于商品和资本等要素全球性自由流动，有利于技术在全球范围内扩散，有利于促进全球经济不发达地区综合实力的快速提升。其产生和发展是社会生产力提升的结果，是世界经济发展的整体趋势。

经济全球化的产生最早可以追溯到 19 世纪中叶，至今已有 160 多年的历史。尤其是工业革命之后，社会化劳动分工、现代工业体系的建立、交通运输技术的迅猛发展以及世界各国的贸易往来不断增加，这些情况加速了世界性市场的不断扩张。自 21 世纪以来，经济全球化进一步加快，在以信息技术为首的高新技术的刺激下，目前已经发展成为涵盖投资、贸易、金融以及生产各个领域的以及经济系统全过程的世界化经济变革。经济全球化的主要表现如下：一是国际化的大分工的模式已经由过去的供应链的垂直分工转变为水平分工方式；二是世界贸易的快速增长促进了各国多边贸易体制的形成；三是国际间的资本流动速率加快，世界性金融体系正在形成；四是跨国公司的发展已经达到一个空前规模，对国际经济的影响力与日俱增；五是国际经济纠纷增多，世界经济的协调机制的影响力越来越大。

传统的在国家范围内的社会分工在经济全球化的作用下正在演变成世界性的分工。产业内企业的生产经营也不再以一个或几个国家为基地，而是面向全球并分布于世界各地，产品生产和销售已实现高度国际化。从国际产业分工的特点看：首先，这种国际分工从传统的以自然资源为基础的分工向以现代工艺技术为基础的分工发展；从单纯产品生产的分工向以生产要素为基础的分工发展；从产业各部门之间的分工向以产品专业化为基础的分工发展。其次，国际分工由市场自发力量决定的分工向由跨国公司生产经济的需要而决定的分工以及区域性经济组织规定的分工发展。最后，全球性的国际分工形成了全球生产网络，实现生产工序在全球范围的专业化分工协作生产，使世界各国都成为世界生产链条中的一环。跨国公司生产资本和技术密集型产品时，往往把其中的一部分劳动密集型加工和装配工序放在发展中国家的子公司去生产；而发达国家则利用其技术优势来完成复杂的技术密集型的加工工序。

1.1.2 资源环境的挑战

经济的快速发展必然引起对自然资源，特别是对能源的巨大需求。美国能源部发表的 2004 年度《国际能源展望》报告指出，到 2025 年全球能源消费将迅速增长，特别是发展中国家的能源需求将随着经济快速增长而迅猛增加。报告预测，到 2025 年全球能源消费量将比 2001 年增长 54%。其中工业国家的能源消费将以平均每年 1.2%的速度增长。而包括中国和印度在内的亚洲发展中国家的能源需求将比目前增加 1 倍，占全球能源需求增长量 40%和发展中国家增长量的 70%。

近几年我国能源消费增长迅猛。据中国石油天然气公司研究报告预测，2015 年和 2020 年中国石油需求将增长到 3.5 亿吨和 4.0 亿吨。在未来一段时间内，中国经济将继续保持较快增长，城市化进程也将加快，中国能源消费的继续增长将不可避免。如果按现有的发展路径，到 2050 年中国达到中等发达国家水平时，人均能源消费 3.5 吨标准油当量，届时中国的能源总消费量将达到 52.5 亿吨标准油当量，相当于目前世界能源消费总量的 60%。与消费量快速增长相比，我国能源利用效率仍然很低。目前，我国能源利用效率只有 32%，比国际先进水平低 10%。据统计，中国制造的人均劳动生产率远远落后于发达国家，仅相当于美国的 1/5。中国单位 GDP 能耗比世界平均水平高 2.2 倍，中国以 5%的 GDP 消耗了世界 34%的钢铁、近 50%的水泥、31%的煤炭、25%的氧化铝、13%的电力和 7.4%的石油。

随着人类改造自然的能力和水平不断增强，逐步形成了以资源的高投入、高消耗为手段，以发展的高速度为目标的生产生活方式。工业文明带来的巨量人口和巨大的生产力的进步，改变了自然界合理的循环速度，打破了自然界的均衡与稳定，从而导致了环境资源危机的产生，主要表现为以下两方面：首先，不合理的破坏性开采自然资源导致了资源的枯竭。自然资源是人类赖以生存和发展的基础，而地球上的资源是有限的。即使是可再生资源，它的再生过程也需要一个周期，对它的采用一旦超过了极限，恢复过程是不可逆转的。其次，大量未经处理的废弃物肆意排放导致了环境污染。大规模生产不仅带来了人们需要的各种商品，同时在生产过程中不可避免地产生了大量废弃物，一旦超出了环境的承载力，就会导致整个生态环境的生态失衡。

1.1.3 顾客需求的多样化

作为消费主体的顾客拥有生存、满足生活以及提高生活质量的需要，而消费则是满足这一要求的经济活动。但是需要并不等于需求，消费者的需求除了取决于欲望之外还与消费者实际购买能力有关。消费者的欲望是由价值观、生活追求目标、自身需要以及其生活被满足状态等因素决定的，而购买能力主要受顾客经济状况所影响。所有的这些要素均受到包括社会、经济、文化在内的外部环境条件的影响。社会经济的发展将影响顾客消费需求的变化。

（1）消费者整体经济水平的提高。现实经济收入水平是决定购买能力的直接因素，也对消费者的选择及其消费品结构起着重要的影响作用。与此同时，对未来整体的经济形势预期也是人们进行消费选择的重要考量因素。当前社会随着市场经济改革的不断深入，国家整体经济状况得到改善，居民的整体经济水平不断增长。由于经济条件的改善使得消费者个体差异的需求不断提高。这种状况使消费者的需求及其结构呈现多样化、复杂化发展趋势。

（2）生活环境的变化。社会科技水平的发展以及企业营销管理经验的成熟，不断刺激着消费者的欲望，从而产生了很多重复消费和过度消费。企业为了满足自己利润水平不断增长的要求，不断地挖掘顾客的潜在的消费需求，推出大量的新产品来刺激顾客产生新的消费欲望。消费需求情况也在不断发生着变化：一方面，由注重对产品服务的单项效用的需求向满足生活质量提升需要的复合性的系统需求转变；另一方面，由对产品服务的基本功能的需求向非功能性需求转变。同时，工作、学习、生活压力的增大，推动了缓解心理压力的手段方法的转变。由于激烈的社会竞争、不断加快的生活节奏等社会状况，导致心理压力增大，人们往往需要通过消费活动或直接以消费的方式缓解心理压力，最后导致能源紧缺、环境污染等资源环境问题日益凸显。所以，在产品服务的消费方面要加强对环保、安全以及资源节约等方面的要求，不断提升制度约束力。

（3）个人需要和动机的转变。随着生活水平的提高，人们心理需要层次也在不断提高。根据马斯洛的需求层次理论，当人们满足了生理、安全等低层次需要之后，则要求满足尊重以及自我实现等高层次需要。对于个人来说，其所追求的内容将会有较大程度的不同。社会只有在多个生活领域以及应用更多的方法，才可能满足这种高层次的需要。与此同时，当人们的基本生活条件得到满足之后，开始不再完全信奉所谓权威人士的建议，而是更加关注自我存在的意义和价值。随着生活需要满足水平的逐步提高，生活、消费经验的丰富，消费心理的不断成熟，人们的消费动机呈现多样化发展的态势，开始追逐潮流、显示个性、体现品位以及追求自我满足等。

1.1.4 企业竞争态势的变化

在当前技术创新扩散速度快、信息高度共享的条件下，不同企业生产的同类或近似产品，其设计、制造水平已不相上下。这样就使产品的有形部分的属性如品质、功能等方面的差异性很小。顾客对商品的判断和选择，不再单单依靠商品的有形属性，而在相当大程度上取决于其无形属性，即基于产品的服务。在工业品市场向客户个性化市场的转变过程中，服务逐渐成为企业争夺客户取得竞争优势的重要手段。

从产品竞争到服务竞争的转变来源于消费、生产模式的变化和技术发展。一方面，顾客消费观念不断变化，他们从采购产品向关注产品效用转变，其关注点不再停留于满足需求的具体物质手段上，而是直接关注生产者能否全面满足其个性化需求。因此，生产者在为顾客提供功能丰富、质量可靠、价格合理的产品的同时，还需要提供与产品相配套的服务，来从各个方面满足顾客的需要。另一方面，现在工业产品的收益和获利空间越来越小，而服务作为企业独立价值来源的潜力却不断显现。生产性企业不再满足于传统产品的一次性买卖，而是以产品为依托，为顾客提供个性化定制、过程支持、检修和维护、升级与回收、产品全生命周期管理等增值服务。此外，现在是知识经济的时代，许多新技术不断涌现并同时应用于新产品。产品功能日益强大，复杂程度同时增加，产品的使用、维护、升级和处理需要专门的知识、专业化的服务才能够实现。

随着市场的变迁，企业对待竞争对手所采用的竞争方式也发生了改变，正在由传统意义上纯粹的竞争向既竞争又合作的新的竞合状态发展。现在技术及产品市场周期缩短，研究开发投入越来越大，为了获得网络协同效应，降低技术开发的不确定性以及为了获取垄断性利润等诸多原因促使企业由竞争走向合作。竞合是企业通过找寻最有效的合作方式进行竞争，是为了获得更大的竞争优势，是创造价值的一种方式。

1.2 问题的提出

联合国国际环境高峰会议于 1992 年将可持续发展这一概念列入了会议的第 21 项议程。可持续发展理论在世界范围内逐步得到认可。近年来，为了拯救世界环境恶化给人类带来的危机，许多学者提出了绿色设计、清洁生产、生态制造等一系列的理论，希望从产品的设计和制造环节入手，从供应链的最初端控制和减少环境污染。但是，这种由改善产品性能和过程所带来的环境收益，却被消费的过度增长所抵消，所以人们往往把这种现象称为“弹性效应”。形成“弹性效应”的原因有两种：一是随着产品生命周期变长，企业通过不断提高产品的生产规模获取利润。由于规模经济的存在会使企业的生产制造成本降低，最终表现在市场上就是产品价格降低，低价的产品会使越来越多的消费者购买并且使用。所以，虽然通过改进单位产品的生态效益比以往有所提高，但是也会因为产品使用量的整体增加而减少其效果。二是由于在市场上产品购买价格逐步降低，可以帮助消费者节约金钱。但是，消费者往往会将节约的金钱用于其他消费品的购买，同样增加了社会整体资源消耗。所以由于“弹性效应”（改进工业产品或技术所带来的环境效益，常常被消费的增长所抵消）的存在，传统的生态经济和生态环保的理论虽然帮助解决了产品的生产制造过程的环境效应问题，但是忽视了社会消费行为和产品消费系统对环境产生的压力。

联合国环境规划署（UNEP）于 1994 年提出可持续消费的倡议，引导社会提供相关的产品以及服务来满足人类的基本需求，目标是使物质材料耗用量达到最低的状态。其本质是通过对全球可持续消费模型的改进来改变现有的消费行为和结构。1994 年，在内罗比联合国环境规划署发布了《可持续消费的政策因素》的报告书。将可持续消费的内涵界定为在自然资源耗用量以及有毒材料使用量达到最少的条件下，提供相关的产品以及服务来满足人类的基本需求，使人们在提高生活质量的同时，将在服务或产品的提供过程中所产生的废弃物以及污染物达到最低的程度，从而不会对后代的需求产生不利影响。可持续消费的本质内涵就是实现消费的发展与可持续两个属性的双赢。消费的可持续性主要是对人与自然的两元关系进行重新界定，要求社会在不超出世界生态环境的承载力情况下，来满足人类消费发展需求，同时人类的消费行为要有利于生态平衡。可持续的内容既包括自然资源的优化和循环利用，也包括生产过程中产生的废弃物的无害化处理以及环境污染的最小化。目前社会上出现的炫耀消费、过度消费、攀比消费、高消费等消费行为都在某种程度上加剧了社会资源消耗水平，加剧了环境负向影响作用。因此，可持续消费从消费价值观、消费结构、消费行为、消费方式等方面对社会消费提出了变革要求。首先，重视消费的发展属性，反对过分节俭的消费行为，这样不利于社会经济的健康发展。其次，关注消费的可持续属性，反对奢侈消费，尤其是忽视社会生态环境制约，不加节制地注重商品物质享受，不利于社会资源的可持续利用。

产品服务系统（Product Service System，PSS）的理论在 20 世纪 90 年代中后期首次被联合国环境规划署提出。产品服务系统的主流思想是由企业向消费者提供基于产品的功能和服务，而这些物质形态的产品的所有权不一定归消费者所有。产品服务系统产生的背景是为了降低由于环境问题所带来的压力，改变传统的制造业和服务业分工的格局，将处于相互分离状态的生产和消费环节进行融合，构建整体的制造服务组织来满足社会需求。产品服务系统意指用来满足消费者需求的一套产品及服务的组合，企业以提供效用的方式（效用指的是功能或成果）来取代有形的产品，供货商的目标并不是在销售产品本身，而是在提供更好的绩效或解决方案，来满足消费者的需求。产品服务系统以提供产品功能来满足消费需求的方式，减少产品的总生产量、促使产品环境化的设计，并通过产品及物料或零件的重复使用及再制，提高资源的使用效率、减少资源的消费及废弃物的产生，以达到去物质化的目标，进而改善产品生命周期中对环境的影响。

2007 年，孙林岩教授发表了《21 世纪的先进制造模式——服务型制造》，第一次提出服务型制造的概念，认为发展服务型制造有助于提高中国制造企业的竞争力，促进制造业结构升级和区域经济的均衡发展。服务型制造是制造与服务相融合的新产业形态，是一种新的生产消费组织模式。它将服务与制造相融合，制造业通过提供工艺流程级的制造过程服务，生产性服务企业通过为制造企业和顾客提供覆盖产品全生命周期的业务流程级服务，共同为顾客提供产品服务系统。国外与服务型制造相类似的研究包括美国的基于服务的制造（Service Based Manufacturing）、澳大利亚的服务增强型制造（Service-Enhanced Manufacturing）、日本的服务导向型制造（Service Oriented Manufacturing）以及英国的产品服务系统（Product Service System）。国内与服务型制造相关的研究包括孙林岩、赵晓雷、林文进等对服务型制造的概念界定、价值来源以及主要科学问题等方面的研究，叶勤、郑吉昌、刘平等人对产品服务增值理论的研究基础以及特征等方面进行了论述，吴国升、程大中、宋高歌等人对产品服务化进行了探讨，蔺雷、吴贵生等对制造业服务增强的起源、现状发展以及内在机理进行了分析。

国内外对服务型制造方面的探索目前已经取得了一些成就，但还主要侧重于概念模型的建立、价值机理的分析、工程技术和工艺设计等方面，缺乏对服务型制造网络组织协调与管理网络成员之间的关系方面的研究。但事实上，影响服务型制造网络发展的因素不仅仅是技术问题，而多数情况下协调网络成员的关系比技术问题更重要。本书将结合组织理论、社会网络以及生态系统理论，从管理视角对服务制造网络形成机理、协调机制和整合机制等进行系统的分析和研究，如图 1-1 所示。

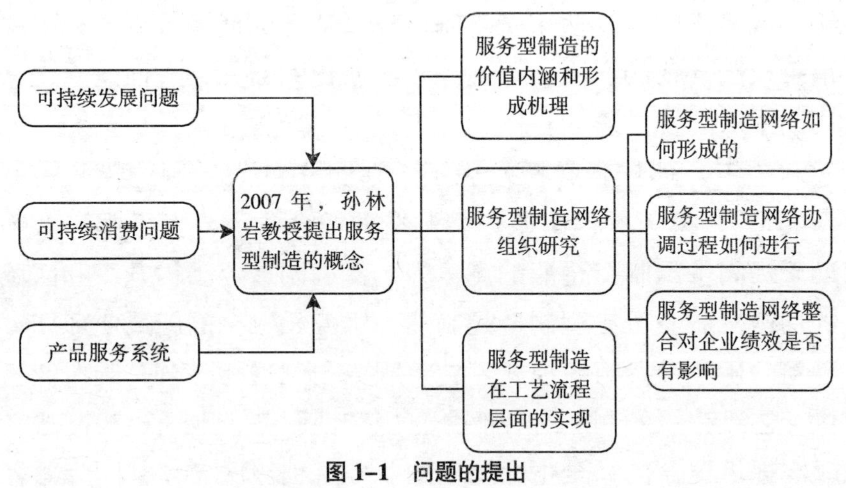

图 1-1　问题的提出

1.3 研究目的与意义

1.3.1 研究目的

制造业和服务业的融合过程的复杂性，使最终形成的服务型制造网络组织成为一个复杂系统，其有效运行面临着以下一些新的状况：一是服务型制造网络上不同结点企业之间相互提供生产性服务或者服务性生产活动增加了系统复杂性；二是服务过程的无形性增强了制造过程对知识的依赖程度；三是服务型制造网络的动态性增加了系统资源配置的复杂性。本书聚焦服务型制造网络的生成机制、协调机制、整合机制等关键性问题进行深入研究，探索服务型制造网络的形成及运作机理和规律，以期为服务型制造模式的实现提供理论支持。本书研究的目的如下：

第一，服务型制造网络是一个复杂的动态系统。与传统的生产系统相比，其内部外部的作用机制发生了变化，需要识别出系统的内外部影响因素，探讨服务型制造网络的形成机制。

第二，服务型制造网络具有高度的动态性、自组织性，存在着组织主体局部与整体利益冲突等问题，需要按经济利益和生态效率的增值规律动态、协同配置资源，因而需要对服务型制造网络的利益协调机制及组织协调机制进行研究。

第三，服务型制造网络的资源利用的复杂性，存在着由于制造与服务割裂所导致的资源浪费问题，需要对整个网络组织的资源合理的整合机制以及资源整合对企业绩效的影响机制进行研究。

1.3.2 理论意义

服务型制造网络是实现产品服务系统最有效的途径。在这种模式下，传统的制造价值链得以不断延伸和发展，其包括范围逐步从加工生产领域延伸到功能服务领域。同时，服务和制造相互融合的趋势逐步显现，服务业和制造业之间的界限越来越模糊，服务在企业整体利润中的所占比重也越来越高。制造企业的产品运作也由传统的以有形产品为核心逐步转向提供基于产品的功能和服务的模式。服务型制造网络中的结点企业的业务范围不断缩小，每个企业开始关注于自己核心竞争能力的提高。结点企业通过将非核心业务外包，而自己只保留价值增值作用最大的环节。企业之间通过提供服务性生产和生产性服务活动，在网络中进行分工和协作，以低成本、柔性、高效、便捷的方式为消费者提供产品服务整体解决方案。

国际上对服务型制造网络的研究主要是针对产品服务系统理论进行的。产品服务系统相关研究于20世纪90年代末始于北欧的荷兰、斯堪的纳维亚半岛（Scandinavia，包括瑞典、挪威、丹麦和冰岛）。至今，大多数研究者都是研究环境科学、管理科学和计算机科学的学者。目前，研究主要侧重于宏观政策和概念层面的介绍，对于该领域所涉及的深层次问题的研究还刚刚起步，从概念、理论向成功的应用试验推进，还缺乏系统性的研究。

国内在服务型制造网络领域的研究起源于对服务型制造模式的研究，但大多还停留在概念模型的介绍阶段，尚未涉及服务型制造网络运作过程中的微观层面。并且国内对该领域的研究仅局限于少数科研院校，还没有引起广大学者的足够重视。因此，在国内开展服务型制造网络的研究在理论上具有重大的创新价值和机会，这对缩短我国在该学术领域与发达国家的差距具有重要意义。

本书融合生态效率理论、先进制造理论和网络组织理论的研究成果，通过对服务型制造网络所处系统环境分析，着重就服务型制造网络的生成机理、协调机制、整合机制等关键问题进行深入研究，探索服务型制造网络的生成、运作以及影响机制和规律，以期为我国服务型制造的实施提供理论支持。

1.3.3 现实意义

服务型制造是在经济全球化、顾客需求多样化、科学技术快速发展的背景下，由制造和服务相互融合而产生的一种新的生产模式。服务型制造网络是实现服务型制造的组织管理模式，其核心思想是建立基于产品的服务体系，通过引入顾客全程参与、生产性服务、服务性生产等活动对传统的制造价值链进行改造，从而实现企业价值链的覆盖范围的拓展。同时，通过网络中结点企业的分工与协作，进行资源整合和知识技术创新，促进制造业整体竞争力水平的提高。服务制造网络的构建对于国内经济增长方式的转变、制造业结构调整升级、企业竞争力提升具有重要的作用。

第一，服务型制造网络构建有利于改变国内经济增长方式。中国近年经济的快速增长是以高耗能、低效率、低附加值、高污染等为特征的，付出了巨大的代价。中国制造在国际产业链体系中只是承担简单加工制造的环节，处于整个产业链的最低端。同样从产业链的利润曲线中可以看出，中国制造企业附加值较低，竞争优势不明显，资源耗用量过大，对环境的破坏过大。在中国现有资源环境条件下，已经无法支持这种粗犷型的经济增长方式。如果期望国内经济能够持续快速增长，就必须找寻一种新的可持续发展模式。而服务型制造网络概念的提出满足了国内经济增长模式变革的需要，通过增强生产过程中的服务环节价值增值，有助于实现社会生产与消费的产品服务化，从而改变国内经济增长方式。

第二，服务型制造网络构建有利于中国制造业结构升级。中国制造目前主要是国际代工，处于国际价值链的低端，由于缺乏自主知识产权、缺乏对整个产业增值链的主导作用，我国大量的加工制造过程所获得收入仅占产品利润的5%左右。服务型制造网络的构建对推动我国制造业的升级改造有着重要作用。一方面，服务型制造网络中的企业向客户提供产品服务的整体解决方案，提高了顾客满意度，延长了价值链，提升了企业的盈利水平。另一方面，通过制造业和服务业的高度融合，使整个网络中的结点企业聚焦自身的核心竞争力，在网络的分工协作中增强创新能力，整合各种资源，提高整个网络组织的盈利水平。

第三，服务型制造网络构建有利于企业竞争力的提升。服务型制造网络可以有效地帮助企业实现产品价值增值过程。通过与顾客信息流程的重新整合，企业可以更加有效地对顾客需求进行分析和挖掘，为后续的设计、研发、采购、制造、分销等产品服务活动提供需求基础。同时，服务型制造网络将客户引入生产服务中，通过为顾客提供产品全生命周期服务，企业可以及时发现并引导顾客需求，有助于企业扩大市场份额，拓展价值增值空间。同时在产品的制造过程中，企业可以通过协作和外包活动，实现制造环节更精细化的分工，从而使协作企业规避风险，形成规模经济效应，提高柔性和效率，获得更多的经济收益。

由此，服务型制造网络的构建能从根本上改善工业发展过程中的环境资源问题，促进制造业产业结构升级，提升制造企业的竞争优势。因此，深入开展服务型制造网络组织的研究具有深远的现实意义。

1.4 研究思路和内容

1.4.1 研究思路

本书的研究思路如图 1–2 所示。

1.4.2 主要研究方法

由于服务型制造网络涉及研究领域较多，本书首先进行了历时近两年的文献检索与查阅，对相关领域的研究进行了文献分析。在此基础上，分别从服务型制造网络形成机理、协调机制、整合机制三个维度开展专题研究，并注意各专题间的衔接和关联。本书采用实证研究与规范研究，定量分析与定性分析相结合的研究思路，主要研究方法如下：

第一，供应链契约。应用供应链契约的利益共享契约模型，分析了供应商和消费之间的利益关系，建立了基于回馈与惩罚策略的服务型制造网络外部利益协调机制。

第二，可拓识别方法。运用可拓识别方法对服务型制造网络中的企业的核心状态进行识别，建立网络中企业的层级结构，帮助实现网络资源的有效的配置和使用。

第三，罗杰斯特方程。运用罗杰斯特方程研究服务制造网络中制造商、服务商和消费者三个主体的生态效率增长情况，寻找服务型制造网络中理想的运作模式及其实现条件。

第四，探索性因子分析。运用探索性因子分析方法在量表的观

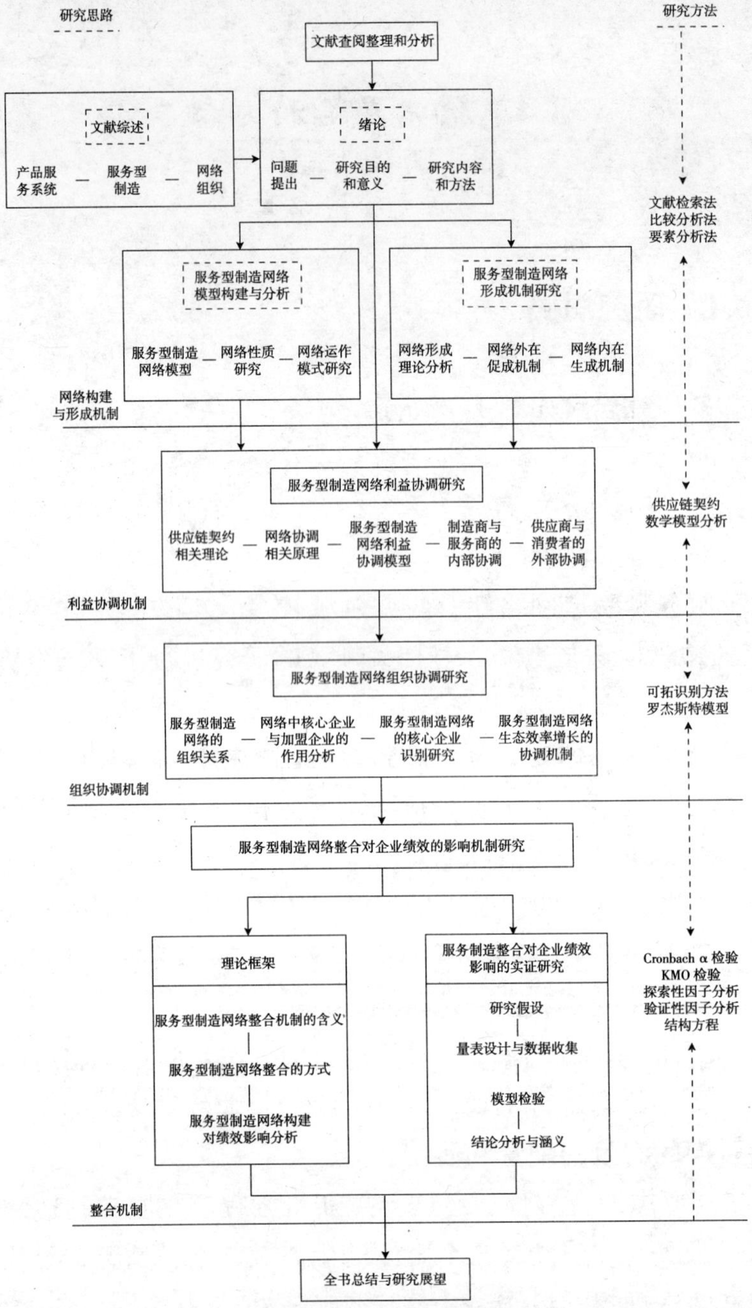

研究思路

研究方法

文献查阅整理和分析

文献综述

产品服务系统 — 服务型制造 — 网络组织

绪论

问题提出 — 研究目的和意义 — 研究内容和方法

文献检索法
比较分析法
要素分析法

服务型制造网络模型构建与分析

服务型制造网络模型 — 网络性质研究 — 网络运作模式研究

服务型制造网络形成机制研究

网络形成理论分析 — 网络外在促成机制 — 网络内在生成机制

网络构建与形成机制

服务型制造网络利益协调研究

供应链契约相关理论 — 网络协调相关原理 — 服务型制造网络利益协调模型 — 制造商与服务商的内部协调 — 供应商与消费者的外部协调

供应链契约
数学模型分析

利益协调机制

服务型制造网络组织协调研究

服务型制造网络的组织关系 — 网络中核心企业与加盟企业的作用分析 — 服务型制造网络的核心企业识别研究 — 服务型制造网络生态效率增长的协调机制

可拓识别方法
罗杰斯特模型

组织协调机制

服务型制造网络整合对企业绩效的影响机制研究

理论框架

服务型制造网络整合机制的含义

服务型制造网络整合的方式

服务型制造网络构建对绩效影响分析

服务制造整合对企业绩效影响的实证研究

研究假设

量表设计与数据收集

模型检验

结论分析与涵义

Cronbach α 检验
KMO 检验
探索性因子分析
验证性因子分析
结构方程

整合机制

全书总结与研究展望

图 1–2 本书研究思路

测变量中找出能够概括解释潜变量的因子，用以对衡量量表进行改进和完善。

第五，验证性因子分析。运用验证性因子分析进一步对衡量量表进行分析，以检验各量表的信度和效度。

第六，结构方程。运用结构方程模型分析服务制造整合、竞争优势、顾客绩效和企业绩效四个潜变量之间的因果关系，验证服务制造整合对企业绩效的正向影响作用。

1.4.3 本书的创新点

（1）基于网络组织协调的原理，建立服务型制造网络利益协调模型。从内部协调和外部协调两个角度探讨在不同状态下服务型制造网络主体间的利益协调机制。

（2）基于服务型制造网络组织关系，建立服务型制造网络组织协调机制。通过对核心企业在服务型制造网络中的影响作用分析，应用可拓识别方法建立服务型制造网络核心企业的识别过程。应用生态学方法建立服务型制造组织各主体的满足生态效率增长的协调机制。

（3）通过对服务型制造网络资源整合的过程进行分析，界定服务型制造网络整合的内涵和方式。针对国内制造企业运用实证研究的方法验证服务制造整合对企业绩效的影响机制。

1.4.4 本书内容结构

基于研究对象以及研究问题界定，本书综合运用网络组织、生态学、可拓学、契约模型、结构方程等相关理论和方法，分析服务型制造网络的构建以及形成机理，明晰服务型制造网络各主体之间的利益协调机制，探索服务型制造网络组织内部关系及生态效率协调过程。同时，本书通过对国内部分制造企业服务制造整合情况的问卷调查，对服务型制造网络的整合对企业绩效影响机制进行了研究。

全书包括 8 章，研究思路与内容框架如下：

第 1 章：绪论。主要阐释了研究背景，针对当前服务型制造模式的发展状况提出存在的问题，并从理论和现实两个方面论述了研究的现实意义和学术价值。本章还从研究目的、思路、方法和着力点等方面提出了具体的研究设计，为后续的研究提供了整体结构。

第 2 章：相关文献综述。根据研究对象界定，对相关文献研究进行综述分析。本书主要对学者关于低产品服务系统、服务性制造、网络组织等方面的研究成果进行研究评述。

第 3 章：服务型制造网络的构建与分析。在对服务与制造融合研究的基础上，建立服务型制造网络的概念模型，分析了服务型制造网络所具有的增值性、合作性、开发性、动态性以及复杂性等系统特性。结合服务型制造网络在实践中的情况，提出服务型制造网络在组织、生产、盈利三个方面的运作模式。

第 4 章：服务型制造网络形成机制研究。从资源依赖、核心能力、组织学习、社会关系、交易成本五种理论基础上论证服务型制造网络形成的必然性。然后从内在生成和外在推动两个角度分析影响服务型制造网络形成的具体因素。提出外部因素主要关注于成本推动、效益拉动和环境取向三个方面，而内部因素关注网络系统自身的自组织和协同。

第 5 章：服务型制造网络的利益协调机制研究。在分析供应链契约和网络协调相关原理的基础上，提出了服务型制造网络利益协调模型；并从产品服务系统的形成和消费过程，将服务型制造网络利益协调划分为内部协调和外部协调。

第 6 章：服务型制造网络的组织协调机制研究。在对服务型制造网络组织关系研究的基础上，建立服务型制造网络组织协调机

制。运用可拓识别方法对服务型制造网络中的企业的核心状态进行识别，建立网络中企业的层级结构，帮助实现网络资源的有效的配置和使用。运用罗杰斯特方程研究服务制造网络中制造商、服务商和消费者三个主体的生态效率增长情况，寻找服务型制造网络中理想的运作模式及其实现条件。

第 7 章：服务型制造网络整合对企业绩效的影响机制研究。首先阐述了服务型制造网络整合的内涵和方式。从企业内外资源整合、企业内外核心能力整合、企业知识整合和企业间的学习、供应链企业间关系的协调和企业间交易成本的降低等方面，分析服务型制造网络构建对网络组织及企业绩效带来的影响。在此基础上，应用实证研究方法得出服务制造整合通过竞争优势和顾客绩效中介变量对企业绩效有正向影响作用的结论。

第 8 章：结论与展望。第八章对全书的主要研究工作进行归纳和总结，发现研究过程中存在的不足，并展望下一步可以展开的研究内容。

研究内容框架如图 1–3 所示。

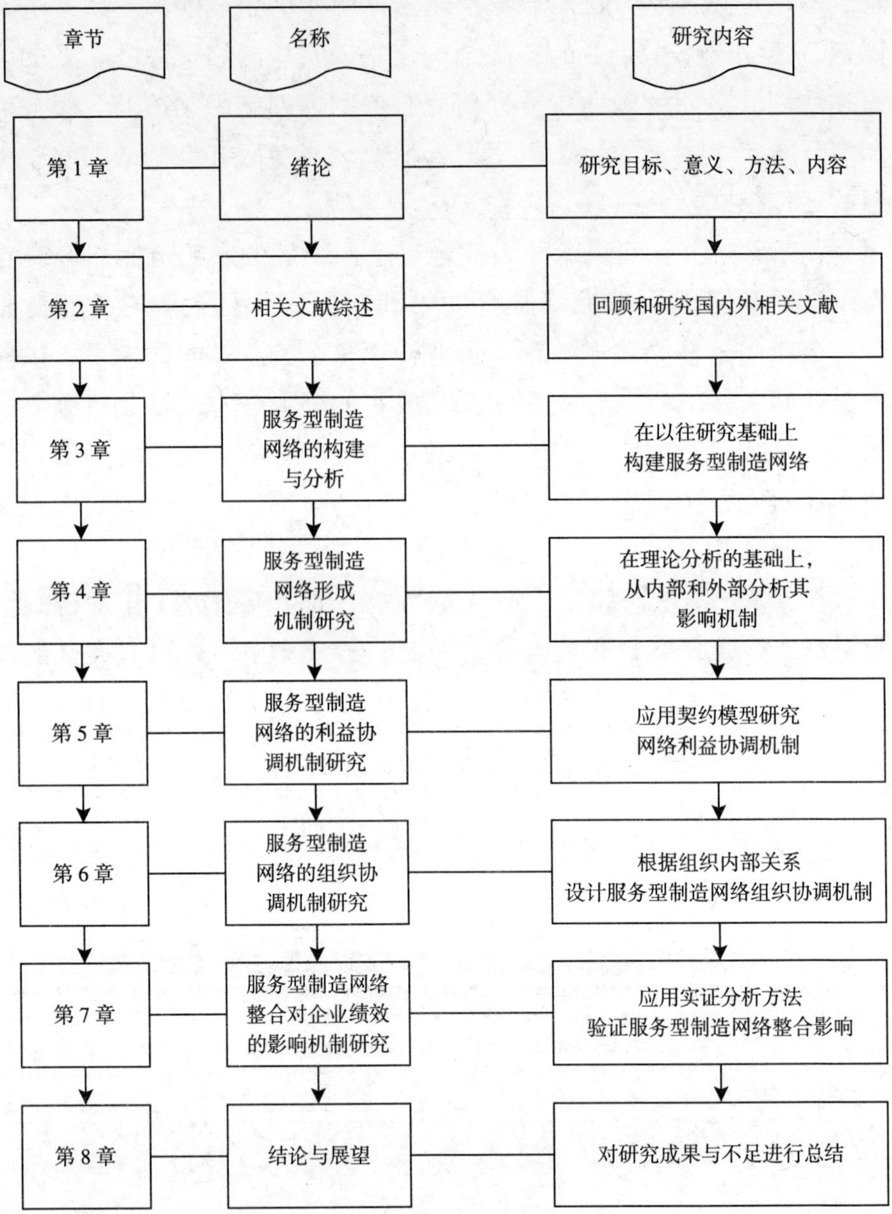

章节	名称	研究内容
第 1 章	绪论	研究目标、意义、方法、内容
第 2 章	相关文献综述	回顾和研究国内外相关文献
第 3 章	服务型制造网络的构建与分析	在以往研究基础上构建服务型制造网络
第 4 章	服务型制造网络形成机制研究	在理论分析的基础上，从内部和外部分析其影响机制
第 5 章	服务型制造网络的利益协调机制研究	应用契约模型研究网络利益协调机制
第 6 章	服务型制造网络的组织协调机制研究	根据组织内部关系设计服务型制造网络组织协调机制
第 7 章	服务型制造网络整合对企业绩效的影响机制研究	应用实证分析方法验证服务型制造网络整合影响
第 8 章	结论与展望	对研究成果与不足进行总结

图 1-3　研究内容框架

1.5 本章小结

本章阐释了研究背景，并从当前服务型制造模式的发展状况提出了存在的问题，并从理论和现实两个方面论述了研究的现实意义和学术价值。本章还从研究目的、思路、方法和着力点等方面提出了具体的研究设计，为后续的研究提供了整体结构。

2　相关文献综述

2.1　产品服务系统的研究进展

1999 年，Mark Goedkoop 第一次提出了“产品服务系统”的概念。21 世纪初，联合国环境规划署提出产品服务系统在世界可持续发展过程中将起到重要作用。[1] 由此，产品服务系统成为世界学术界广泛研究的议题。近年来，北欧的一些学者在产品服务系统的基础上，又提出了工业产品服务系统（Industial Product Service System，IPSS）的概念。[2]-[4] 国际生产工程科学院于 2009 年在英国举办了第一届产品服务系统学术会议，为产品服务系统研究和应用的蓬勃发展起到了重要的推动作用。

2.1.1　产品服务系统的定义

关于产品服务系统的研究迄今为止还没有一个学术界公认的定义形式。Goedkoop、Mont、Manzini、Tukker、Maussang、Aurich、江平宇、孙林岩等学者都给出了产品服务系统的定义形式。表 2-1 列出了一些学者对产品服务系统的定义。

表 2-1　产品服务系统定义

研究者	时间	定义
UNEP[1]	1994	产品服务系统是一个有竞争力的系统。它包括产品、服务、网络与组织结构。它可以在产品生命周期内，以破坏、高竞争力的方式满足用户需求
Goedkoop[5]	1999	产品服务系统是将服务和市场联系起来，利用产品和服务市场化的组合满足用户的需要。在产品服务系统中，产品和服务的比例可根据用户功能的需要而变
Mont[6]	2001	产品服务系统是一个与传统商业模式相比对环境影响更小的系统。它由产品、服务、支撑网络（supporting networks）、基础设施（infrastructure）组成，有竞争力地满足客户需要
Manzini[7]	2003	产品服务系统是一项创新战略，它把经济模式从仅关注产品生产和销售，转变为关注满足顾客需求的产品服务组合
楚丽明[24]	2003	产品服务系统是适应市场需求的产品与服务的组合，通过最大限度地利用服务来取代产品使经济增长过程中的物质流减少，降低了由于物质流以及能量流所造成的环境负荷，具有经济和生态双重意义
Tukker[8]-[10]	2006	产品服务系统是通过商业网络将产品服务一起提供给客户的一项特殊的价值概念
Aurich[3]	2007	产品服务系统是以面向产品生命周期的产品和服务的组合，它能实现价值的延伸
Baines[11]	2007	产品服务系统是通过产品服务集成的形式向用户提供产品的使用价值
薛跃[25]	2007	产品服务系统是一种同时考虑社会供给和社会需求的可持续性发展要求的体系，对社会生产和服务消费体系都将产生深远影响，是促进可持续发展和循环经济的有效手段和必由之路
江平宇等[12]	2008	产品服务系统是一项企业创新战略，是由系统化的整合产品和服务构建而成
孙林岩等[13]	2008	产品服务系统是产品和服务结合在一起的集成系统
顾建新[14]	2009	产品服务系统是一种在制造企业负责产品全生命周期的模式下，产品与服务高度集成、整体优化所形成的新型生产系统
江平宇[15]	2011	工业产品服务系统是知识服务和生产服务的帮助下向用户提供和售卖工业产品生产能力，满足用户需求

虽然各个定义不尽相同，但是整体反映了产品服务系统在结构、功能以及实施方面的特性。由上述研究状况，我们可以对产品服务系统的定义总结如下：

（1）产品服务系统的目的是以最低的环境代价提供满足顾客需求的功能价值的集合体——产品服务。

（2）产品服务系统是由产品及其相关服务组合而成，是有形物质流和无形的服务流的集成。

（3）产品服务系统的结果是产生向用户提供和售卖工业产品生产能力，满足用户需求。

（4）产品服务系统需要一个由服务网络支持的支撑体系，用以保障产品服务系统的有效实施和运行。

2.1.2 产品服务系统结构与设计

产品服务系统不是产品和服务的简单组合。Mont（2004）认为产品服务系统由四类系统要素构成：产品、服务、基础设施和网络，其中产品和基础设施是有形的，而服务和网络是无形的。[16]-[21] Arnold Tukker（2006）对产品服务系统进行了分类，将产品服务系统按照产品服务的比重分为产品导向型、使用导向型和结果导向型。[22] 刘和东和薛跃（2007）提出了基于产品服务系统的绿色供应链的理论框架。通过产品服务系统的生命周期思想来管理设计、生产、销售和服务、使用、废弃处理等环节，将绿色性覆盖产品整个生命周期。[23] Roy（2000）从使用产品的方式角度进行分类，将产品服务系统分为结果导向、分享功效导向、以产品生命周期延伸为导向以及以减少需求为导向。[26]

在产品服务系统的设计和构建方面，Helma（2001）提出了一种名为 Kathalys 的产品服务系统构建方法；[27] Mont（2004）提出了以戴明环（PDCA）流程建立产品服务系统的方法；[16] Komoto（2005）等人提出从环境和经济的角度利用产品生命周期模拟的方法对产品服务系统进行定量分析；[28] Krucken（2006）等提出了构建联系各方的网络的方法来发展产品服务系统；[29] 林小芬（2007）提出在产品设计中强化服务，通过基于产品服务系统的可持续发展设计，达到减少资源浪费，实现可持续发展的目的。[30] Aurich（2007）等人提出了基于产品服务系统的产品生命周期管理（PSS-PLM）的概念，其主要思想是利用产品服务系统将生命周期的各个阶段联系起来，对产品生命周期进行系统的管理、设计和计划，让制造商和用户都获益。[3] Lee（2007）等提出了集成制造与产品服务系统（IMPSS）的概念，构建了 IMPSS 的框架体系，并将其应用于电子产品的生产与回收；[31] Goedkoop（1999）建立了一个名 four-axis 模型，用来审核产品服务系统；[5] Morille 提出了发展新型产品服务系统的方法体系。[32]

2.1.3 产品服务系统的运作实践

产品服务系统的运作方面，Stoughton 和 Votta（2003）总结了欧洲 15 个使用化学品企业在实施管理服务过程的 5 年中所得到的经验教训。[33] White（1999）认为有形产品服务系统的本质是将产品融入服务，以功能取代形式，通过信息来完成向服务化转型。在供应商和产品制造商以及最终用户之间引入可行的激励机制是关键，但是，产品服务系统是以满足功能为核心，激励机制与传统的供应链则完全不同。[34] Reiskin 等（2000）介绍了通过共享节约契约实施化学品管理服务来实现减量化。[35] Corbett 等（2008）定量地分析了产品服务系统实施过程的技术框架。[36] 宋高歌（2005）发表了将产品服务系统与国内研究的热点循环经济结合起来。他认为产品服务化比传统的商业模式在解决资源约束推动循环经济发展更具有优势，通过这种模式可以帮助我们在供应链上找到实现资源消耗减量化的机会和潜力。他还提出产品服务系统的实现应该从选择服务提供商、服务报酬模式设计、企业间的信任关系和合作风险三个方面入手。[37] 宋高歌（2007）又提出产品服务系统的转移定价机制问题，他认为应该从适用阶段分别选择按量支付、固定服务费、节约共享三种不同的定价机制，并在此基础上提出了产品服务系统的按量支付、固定服务费、节约共享三种契约结构。[38]-[39] 宋高歌（2007）完成了国内第一篇有关产品服务系统的博士论文《基

于资源节约的产品服务系统协调机制研究》，从供应链的视角对产品服务系统实现资源节约问题进行了研究。[40] 赵永耀（2010）在宋高歌等的研究基础上，提出针对具有不同潜力的产品，应考虑采取不同的政策引导。如果间接原料的节约潜力比较大，供应商的利润随着原材料成本的增加而提高，故可激励供应商致力创造节约服务价值；如间接原料的节约潜力比较小，供应商的利润随着原材料成本的增长而降低，不利于产业发展。[43] 刘新艳（2009）通过一些经济学理论解释产品服务系统提高经济和生态效率的情况，认为通过产权移至制造商有可能促进规模经济，降低信息不对称，以及创建一种更具有经济和生态效率的结构。[41]

在不同行业中产品服务化的实施进程差别很大，但是所有系统实施是为了加强价值与功能的联系，减弱价值与产品的联系。因为无论是企业还是最终顾客，大多数都是对产品完成功能感兴趣，而不是对其拥有产品感兴趣，所以这一过程并不难实现。[49]-[55] Yadav 等（2003）研究产品服务系统在轮胎领域的激励。轮胎公司将销售产品转变为销售服务，采用节约共享契约形式，调整轮胎企业和运输企业的激励，最终双方都提高了收益。[42] 另外，Sorrell（2005）从交易成本角度，分析了能源服务合同中的产品服务化问题。[44] 陈冰梦（2009）认为产品服务系统是在功能经济理论指导下，以提供高附加值的服务来降低产品在整个生命周期对环境的影响，可以有效地提高顾客满意度和企业竞争力，并以北美客车工业公司实施产品服务系统的案例进行了实证研究。[45] 朱琦琦和江平宇（2009）从产品使用角度出发，提出一种面向数控加工设备的产品服务系统，并构建了该系统配置和运行的框架。[46] Andrew（2001）从自动化产业入手，研究产品服务系统的实施给行业技术创新带来的效应。[47] Besch（2005）从欧洲的办公家具市场入手，识别产品服务系统带来的机遇。[48]

2.1.4 产品服务系统的服务价值

服务价值研究是对产品服务系统是否有效的评价，目前有许多学者对此进行了相关研究。Mathieu（2001）阐述了将生产性服务与制造行业集成后将带来的效益，并对产品制造过程中的服务进行成本分析。[56] 刘英姿和胡青松（2003）建立了制造企业服务管理评价指标体系，同时运用灰色聚类方法评价企业服务运作水平。[57] Hytonen（2005）研究了制造业服务价值分析，建立了基于马尔科夫链的服务价值分析模型。[58] Khendek 和 Zheng（2008）提出了采用信息序列图表的方法来描述服务行为特征，帮助实现增值服务的模型分析。[59] 郑彦翀和范玉顺（2007）等采用 ABC 分析法对工作流的性能进行仿真分析，该过程可以为服务流分析提供借鉴。[60] 杨春立和于明（2008）通过对传统与现代制造业价值链的比较，探讨了生产性服务业对制造业价值链的变化所起到的重要作用。[61] 任建（2010）采用 ABC 方法估算 CNC 的产品服务系统单件加工的成本，然后，应用 BP 神经网络建立了 CNC 产品服务系统的快速成本估算模型。[62]

2.2 服务型制造的研究进展

2.2.1 服务型制造的概念

西安交通大学孙林岩教授将这种制造业与服务业相融合的新型制造称为服务型制造，他认为服务制造网络是与产品服务系统相适

应的新型制造范式。目前国内有关服务型制造的研究较多，取得了丰富成果。孙林岩（2007）教授发表了《21 世纪的先进制造模式——服务型制造》，第一次提出服务型制造的概念，认为发展服务型制造有助于提高中国制造企业的竞争力，促进制造业结构升级和区域经济的均衡发展。同时，根据竞争优势重点的差异和产权是否转移将产品服务系统划分为四类，并讨论了各类产品服务系统的特点以及它们之间的演化规律。[63] 李刚和孙林岩（2010）提出服务型制造的商业模式、生产组织模式和运作模式。他们认为先进制造系统和现代管理系统是服务型制造实施的基础，需求管理、能力管理、企业网络和风险管理是实施服务型制造的主要内容。[64] 林文进（2009）认为服务型制造相比于传统制造模式，制造和服务过程中的顾客参与和体验以及网络化协作提供产品服务系统是服务型制造的主要特征。[65] 王景峰（2009）提出以产品结构为划分原则，建立协同制造服务模型及协同制造服务链，把分散在不同地区的生产设备资源、智力资源和各种核心能力，迅速地组合成开放的、松散耦合的、互操作的协同制造网络，使企业可快速、及时地响应市场的变化。[66] 张在房（2009）基于产品服务系统提出了产品与服务融合的完整产品的概念，同时面向生命周期建立了完整产品设计方案定性定量相结合的综合评价体系。[67] 张建华（2008）就服务在制造网格系统的应用层面上的行为特性展开研究，提出基于工艺信息的制造网格服务的静态结构和动态过程。[68] 袭著燕（2009）从山东省制造业不强服务业滞后的问题出发，提出服务型制造战略是推动制造业服务业相互促进升级的新途径。[69]

2009 年 6 月，中国工程院召开以服务型制造为主题的工程科技论坛，对服务型制造的概念内容、特征方式等进行了探讨，指出：近百年来制造模式不断演变，先后出现了精益制造、柔性制造、计算机集成制造、准时化生产、敏捷制造、虚拟制造、分散网络化制造、生态制造、绿色制造等制造模式。同样服务型制造也是从传统的制造模式演变而来的一种先进制造模式。[70]-[85] 服务型制造是为了实现价值链中各利益主体的价值增值而进行的生产与服务相结合的制造业新的产业形态。

2.2.2 服务型制造的服务增强理论

服务型制造概念从提出来到现在发展的时间尚短，理论与实践还有待进一步论证和完善。近年来，部分学者利用服务增强理论研究制造业的服务价值单元的功能增强问题。Cohen 等（1987）指出绝大多数发达国家的制造业增加值中有相当部分是由企业内部的服务性活动所形成的。[86] Drucker（1990）指出认为制造业起点不是制造产品，而是生产出功能服务以使客户能满足来自产品的效益——制造是成本中心，服务则是利润中心。[87] Porter（1990）指出服务是企业获得竞争优势的一种方法，而增值型服务是将一个产品变为差异化商品的手段。[88] Pappas 等（1998）指出制造业服务增强已经成为先进制造的最重要的特征之一。[89] Drucker（1998）指出制造与服务的融合，应促使产品概念向“产品系统”概念的转变。价值链不仅生产有形产品，还要提供基于产品的服务，并将有形产品和无形服务集成为统一的产品系统。顾客最终获得的是产品和服务集成的“产品系统”。[90] Devall（1999）等指出制造业对制造环节的依赖性在减少，而对于生产性服务的需求在增加，这种状况迫使制造业将价值增值放在生产性服务活动上。[91] Marceau（2002）指出制造业可以通过产品和服务融合而获得差别化优势，在这种状况下企业主要通过获取资源为顾客提供整体的解决方案而不是产品来获取利润。[92] 蔺雷（2005）等指出服务增强能有效增强产品竞争力，它提升了厂商和消费者价值，是提高社会总福利的“双向增强”。服务增强过程具有明显的行业差异。[93] Heiko（2006）等通过对欧洲 30 多家设备制造企业进行的调查，说明了服务对制

造企业在营造营销、财务和战略机会上具有重要作用；同时指出制造企业要从纯粹的产品制造者向顾客解决方案的提供者发展。[94] Rust（2006）指出为了有效保持竞争力，所有公司都必须成为服务型公司。[95] 蔺雷等（2007）通过对国内制造业的样本问卷调研，运用因子分析（探索性因子分析、验证性因子分析）和结构方程模型方法，检验了服务差异化对企业绩效的正向影响作用，同时考察了产品类别和企业规模两个样本类别，指出工业品企业比消费品企业更倾向进行差异化竞争。[96] 程巧莲等（2008）指出制造企业所提供的内容从传统的产品制造转向为客户服务，服务在企业整体业务中所占的比重逐步增加。[97]

通过上述研究可以看出，制造业正逐渐从单纯的向客户提供产品向提供满足顾客功能的服务的方向上转变，制造业的服务单元功能逐渐增强。

2.2.3 服务化与制造业的关系

部分学者从产业的角度研究产品服务化与制造业以及服务业的关系。杨小凯等（2000）用超边际分析发展出新古典经济学，重新解读了企业组织内部的均衡，以及交易成本和制度对劳动分工和生产力演进的重要意义。[98] 何勇（2006）认为产品服务化作为制造企业新的经营策略，将从现在的中间产品为主向最终消费品领域扩散，从大件耐用消费品向一般消费品延伸，客户从以企业为主转向以消费者为主，成为制造业和服务业发展的主要动力来源。[99] 陈宪等（2004）对服务业与制造业之间动态演进关系进行了研究。在讨论服务业增长历史过程及动力原因的基础上，验证了服务业和制造业之间相互依赖、良性互动的关系，并预测了二者逐步出现的融合态势。[100] 李美云（2006）认为产品服务化从产业融合的角度看实际上就是跨产业渗透和融合发展的范式。根据服务业和非服务产业或其产品之间是否具有替代性或互补性，可以将服务业跨产业融合发展的基本模式概括为互补型融合发展模式、替代型融合发展模式、结合型融合发展模式。[101] 克里斯廷（2004）指出了解客户（包括最终消费者、终端用户、供应商和分销商）价值的内生过程，在此基础上向他们提供能够满足其价值生成过程的一整套产品是企业创造竞争优势的关键要素。[102] 刘继国（2006）从投入产出的角度将服务化划分为投入服务化和产出服务化，并论述两种服务化与新型工业化的关系，认为“制造业服务化带动新型工业化”是实现新型工业化的新途径。[103] 顾乃华等（2006）从“需求遵从论”、“互动论”、“供给主导论”和“融合论”研究生产性服务业与制造业之间的关系，从分工和竞争力两个角度叙述了生产性服务业与制造业互动的过程。[104] 蔺雷等（2007）指出制造业和服务业之间的边界已变得非常模糊，服务和制造的相互融合以及互相依赖将成为先进制造业的重要特征。[105] 冯泰文等（2009）指出中国现在还未达到制造业出现拐点的时间，发展服务型制造是我国现代经济发展的客观趋势，并对实现服务与制造融合的关键性因素进行了分析。[106]

通过上述研究可以看出，制造业和服务业的融合发展是中国制造业发展的一个趋势，推动生产性服务业的发展是促进制造业产业升级的重要途径。因此，探讨促进制造业和服务业融合发展的组织形式，就成为服务型制造领域研究的一个焦点问题。

2.3 网络组织的研究进展

自 20 世纪末以来，传统的组织形式处在一个能否生存和发展的关键时期。造成这种状况的主要原因是经济全球化、科技的迅猛发展以及信息的呈指数化的增长态势，使得传统组织在适应外部环

境，进而进行有效的组织内部沟通方面出现了问题。于是，网络组织作为一种新型的企业组织形式就应运而生了。正如德鲁克在《未来的组织》一书中提到的，我们正在迈向一种新的企业组织，它呈现多元化的特点，这种网络组织促进了网络社会的形成。同时，由于技术的发展和劳动队伍专业化与知识化，新型企业组织以计算机网络的形成为基础，将对现有组织结构进行根本的变革，企业组织的网络化成为一种必然的趋势。

2.3.1 网络组织的本质内涵

国内外许多学者对网络组织的内涵提出了各自的解释。坎德·兰逊在深入研究组织之间的关系之后，建议用一种三级制度取代传统的两级制度，即用市场、组织间的协调、科层组织来代替市场与科层。Jarillo J.Carlos（1988）按组织形式和竞争关系将复杂的经济活动进行区分，形成了四种不同的组织形式，称为市场组织、官僚层级制组织、家族式组织和战略网络。他认为战略网络在企业获得长期竞争优势方面是其他组织形式所不可比拟的。[107] Dennis Maillatetal（1993）认为网络组织是一个不断演进的历史过程。他在对网络组织从经济、历史、认知规范等多角度进行研究之后得出结论，认为网络组织虽然是一种超越传统的、比较复杂的社会经济组织形态，但其却有一定的规律，是按照一定的路径依赖不断发展。[108] 肯尼斯等（1998）认为网络组织即动态联结组织，是由原本孤立交易的公司构成，这些公司贡献其各自的资源形成企联，使企业成为灵捷竞争者，处于一个动态的互联世界之中。[109]

中国学者也对网络组织进行了研究。贾根良（1998）认为，经济网络是一种联系之网。各种经济行为者的长期投资等经济活动则对经济网络的构成起到了关键的作用。正是其投资形成的资本要素才形成了这种联系之网。企业网络恰恰是经济网络的重要的组成部分。[110] 孙国强（2001）认为，可以称网络组织为一种制度安排，也可以称其为一种分工协作系统。作为一种制度安排，网络组织是介于企业与市场之间的，它主要通过独立个体或群体作为结点的复杂多样的经济联结起作用。而作为一种分工协作系统，网络组织是经济联系的一种深入发展的形式，是在组织层面的经济联系。通过企业及社会组织之间的资源整合形成，并且以各种经济性联结为纽带。[111] 李维安等（2003）认为，网络组织是一个有机的组织系统，这个组织系统由活性结点的网络联结构成。网络组织通过一系列交互运行来实现组织的目标。[112] 刘东（2003）认为企业网络是一种以特殊契约的结合为基础的契约关系或制度安排，其具有超市场的性质，这就从理论的高度阐释了企业网络的运行机理。[113]

由此可以看出，企业网络组织是具有市场和企业双重性质的一种资源配置制度安排。其介于市场和企业层级之间，而与市场、企业科层组织又并列存在。网络组织突破了长期以来进行组织创新时只注重组织内部结构调整的思维定式，它将企业的经济活动放到更为广阔的背景下来探讨企业间相互联结的网络安排模式及其运作机制。其分析的重点从原来的注重对企业活动边界的界定、企业与市场相互之间的最佳结合以及对企业科层组织形式的选择等，转向了对企业内部或外部能够诱导和实际存在的各种各样相互作用的网络关系的研究上来。（李维安等，2003）

2.3.2 网络组织的基本特征

基本特征是一事物区别于其他事物的基本标志，网络组织同样如此。孙国强（2001）认为，网络组织应包括以下几个方面的特征：①网络组织是一种制度安排，存在于企业及社会组织之间；②网络组织中企业之间的相互关系决定其相互行为；③网络组织的关键作用是构造网络关系，这种网络关系能产生交互作用的；

④网络组织的形成是一个自发的过程；⑤根据具体情况决定，网络组织是否具有法人地位。网络组织具有五大构成要素，即网络目标、网络结点、经济联结、运行机制、网络协议。其中，网络目标是任何网络组织存在的基础和活动的动力，网络结点是基本要素，经济联结是桥梁，运行机制是调节器，网络协议则是运行基础。

李维安等（2003）认为，网络组织具有合作性、创造性和复杂性。首先，在一个合作竞争的时代，企业需要通过有效的竞合战略，才能实现整个网络组织的目标。只有通过协作、合作，才能实现“1+1>2”的最终目标，才能使网络组织系统效能达到最大。其次，网络组织这种组织模式有利于创新，应该说创新就是网络组织的灵魂。只有通过不断创新，网络组织才能不断发展、成长、壮大。同时，网络组织的运作机制、支撑技术、柔性结构等也为组织创新提供了空间和保障。最后，网络组织的复杂性体现在其是一个复杂的动态自适应系统。具体体现在环境复杂性、结构复杂性、动态性及自组织等方面。

综上所述，网络组织是一个复杂系统，其具有动态的、开放的、自组织等特征。物质的交换、信息的交换、知识及能量的交换等复杂的多重交换在网络组织运作过程中频繁发生。也正是通过这些交换，网络组织自身的机能与价值逐步得到创造和提升。

2.3.3 网络组织成员关系的核心特征

从以上对网络组织的相关论述可以看出，在网络组织这一复杂的系统中，网络组织成员间的关系具有以下特征：

（1）网络组织结点间存在着复杂的联结。结点是网络组织的构成要素。结点是网络组织成员合作的前提、创新的基础和复杂性的来源，它具有决策活性的特点。结点之间根据共同的目标建立的有机联结，可以起到桥梁和纽带的作用，在平等、自愿、互惠互利的基础上，实现网络组织结点之间的有效信息沟通、知识共享，产生协同创新效应，使得若干独立的结点产生自组织效应，协调网络组织运作。

无论是企业内部单元之间，还是外部企业之间，网络组织都存在着可渗透的边界。因此，网络组织结点间联结存在很强的复杂性。首先，联结方式的多样性。结点间的联结方式从传统的资产纽带、产权关系到指令、信息交换、协议规则、信任、感情、价值观等，呈现多样性的特点。结点之间的关系及其网络组织的性质也就根据这不同的联结方式决定。其次，联结形式有虚实之分。结点间的联结既有以现实为基础的实际联结，如信息的交流与共享、物流活动等，也有无法触及的虚拟联结，如彼此的信任等。最后，联结的内容的多重性。其表现为频繁发生在网络组织运作过程中的物质交换（业务运作）、信息交换、知识以及能量交换（创新与学习）等（李维安等，2003）。

（2）网络组织是一个竞合关系体。竞争与合作是人类社会面临的两难的选择，竞争是市场经济的要求，而合作则是人类文明的基本条件。在20世纪的大部分时间里，竞争论占据着战略管理理论研究及实践的主导地位。迈克尔·波特（1997）认为，企业成败的关键在于竞争。通过竞争战略，可以对决定产业竞争的各作用力建立有利的、持久的地位。他认为，两个中心问题构成竞争战略的选择：一是产业吸引力，主要由产业长期盈利能力及其影响因素所决定；二是决定产业内相对竞争地位的因素。对任何产业而言，竞争规律都体现了新的竞争对手入侵、替代品的威胁、客户的砍价能力、供应商的砍价能力以及现存竞争对手之间的竞争这五种竞争的作用力。因此，企业竞争策略的实质就是使企业能够应对不断变化的外部环境，积极寻求有利的竞争地位，从而获得超越竞争对手的优势。[114]

但是，自20世纪80年代以来，以罗伯特·艾克斯罗德为代表

的诸多学者开始了对合作问题的大规模的综合研究（杨农，2004）。[115]目前，企业间的合作关系越来越凸显其重要性，而且已成为协调经济活动的重要机制。合作已成为企业参与竞争的又一种战略选择。网络竞争的本质是合作与竞争行为的交互影响，公司网络在合作的基础上产生，而竞争依然存在——各公司在网络间相互竞争或是同单个公司在更高层次竞争，但是网络竞争受到网络内部合作的有效性制约，否则将会对网络整体的竞争优势产生不良的影响。如何保持合作与竞争的均衡性，如何协调各成员企业间的行为成为实现战略利益合作的一个核心问题。

（3）价值创造是网络组织的主要目标。网络目标是网络组织的构成要素。Marshall Van Alstyne（1997）指出，合作者的利益优先一直是网络组织的目的所在。[116]孙国强等（2002）运用经济学的规模经济理论、交易费用理论等理论以及管理学相关理论分析了网络组织的形成动因。但所有分析都认为，网络组织形成的根本原因就是创造价值，即实现“1 + 1 > 2”。[117]尼尔·瑞克曼等（1998）认为，合作创造的贡献从重复与浪费的减少、借助彼此的核心能力、创造新机会三方面增加了实际的生产力及价值。[118]谢科范等（2003）认为，通过合作，组织可以获取其所缺的资源和能力，可以有效避免竞争中存在的风险，可以促进商业生态系统的良性发展，以及重构供应链以获取竞争优势。[119]李维安等（2003）认为，网络组织成员的合作创新，企业之间的网络化协作，根本原因就在于网络化协作存在着巨大的优势。组织可以避免过度的市场竞争，又可交易内化从而节约交易费用，更为重要的是不同合作者的共同投入，形成了资源共享、优势互补的状态，并通过交互作用而产生出高于平均水平的协同效应。所以说，企业网络化协作其实是一种创造价值的协作。综上所述，网络组织根本目标就是创造价值。

（4）利益分配是网络组织的核心问题。从博弈论的角度而言，在重复博弈过程中，人们会选择合作行为——追求集体理性而避免个体理性。通过各协作者共同追求整体利益最大化的努力，其自身也都获得了比独自运作更多的利益，从而实现帕累托改进。这点已经被无数成功事实充分印证。Adam Brandenburger（1996）等基于博弈论原理，提出了“合作创造价值，竞争分配利益”观点。[120]李维安等（2003）认为，网络组织中，协作的深度与广度取决于协作获得利益的多寡。由于合作成员的个体差异，如经济实力等，企业间的作用往往并非完全对等和可逆，有时甚至有可能出现经济关系不平等。如果合作者的投入与其所得不能匹配，利益分配不均，就会挫伤合作者的积极性，甚至会人为地割断已有的经济协作。利益分配是否公平，直接关系到网络组织的经营成败与发展前景。许多合作失败，就是因为相互争权夺益所致。杨农（2004）认为，现代经济的发展产生了企业间战略合作网络。在这种新型的合作网络之中，现代企业如何进行利益再分配和经济绩效管理是一个全新的课题。只有协调好双边或多边的经济利益关系，正确处理合作者之间的整体利益，才能使网络组织协调良性发展。

综上所述，从成员关系的角度来看，网络组织的成员呈现一种复杂的联结，其成员之间存在既合作又竞争的关系，而网络组织就是一个竞合关系的统一体。在这个统一体中，成员加入网络组织进行合作的主要目的就是创造价值，而由于竞争性的存在，如何分配利益是网络组织成员关心的，也是网络组织得以生存与发展所需解决的核心问题。

2.4 本章小结

目前，国内外对产品服务系统理论和实践方面的探索已经取得

了一些成就，但还主要侧重于宏观政策和理念介绍层面，对于产品服务系统如何实现的一些微观层面的研究还较少，尤其是国内，我国学者对于服务制造网络的领域涉及较少，目前还尚未引起足够的重视。服务制造网络作为产品服务系统新兴的重要领域，需要融合工业生态学、复杂网络和价值链理论等多学科知识，但对该领域的研究目前主要集中在工程技术和工艺设计等方面，缺乏对网络成员之间的关系协调与管理方面的研究。但实际中，影响服务制造网络发展的因素不仅仅是技术问题，而多数情况下协调网络成员的关系比技术问题更重要。本书将从管理视角对服务制造网络形成机理、利益关系协调和整合机制等方面进行系统的研究。

3 服务型制造网络的构建与分析

服务型制造网络是由制造企业、服务企业和顾客自发形成的网络聚合体。各方基于各自的核心资源和能力，通过产业流程级别的分工，在自我利益的驱动下，以开放的结构，实现分散化制造及服务资源的聚集和协作，共同完成产品服务系统的生产和交付，实现服务型制造的网络中不同利益主体的目标。服务型制造网络的运作成自组织状态，每个主体都具有开放性、适应性；不同主体之间在非线性互动中表现出服务型制造网络的结构和协作形式，并随着外部环境的变化，实现服务型制造网络与环境的协同演化。

3.1 服务型制造网络的内涵

服务型制造网络的构建从某种意义上说是供应链在服务和制造融合的背景下的资源再整合。Lawrence 和 Lorsch 将整合定义为：一种合作的状态，它存在于部门之间，这些部门在环境的要求下实现共同努力。[121] Stevens 确定了供应链整合的三个阶段，[122] 阶段一代表单个企业内分散的作业，物流职能只是分销，独立于组织其他职能；阶段二强调邻近职能间的整合；阶段三代表外部供应链整合，包括上至供应商、下至顾客的整合，并认为企业在实施供应链管理之前，必须在内部整合（内部流程之间的合作）上达到一个较高的水平。还有学者认为，供应链整合包括内部整合和外部整合。内部整合包括从原材料管理到制造、运输和销售的所有内部职能的整合，它需要组织中不同的职能相互协调和整合，以实现顾客价值和满意度。外部整合将整合的范围扩展到组织之外，包括了供应商和顾客。[123] 外部整合所指的不仅仅是资源整合范围上的不同，还包括态度上的转变：供应商和顾客之间的对抗性关系变成了一种相互支持与合作的关系。Lee 指出了供应链整合的四个方面：[124] 信息整合、合作和资源共享、组织关系连接、分享风险和收益的明确计划。信息整合是指供应链成员之间信息和知识的分享，包括销售预测、生产计划、存货状态和促销计划。合作和资源分享是指供应链中决策和责任的协调。组织关系连接包括供应链成员间的沟通渠道、绩效衡量和共同远景和目标的分享，Lee 和 Whang 在电子商务对供应链整合的研究中，从整合和供应链成员间的协调程度将供应链整合分成：信息集成、同步计划、工作流协同、新型的业务模式。

国内也有一些学者对供应链整合的定义提出了自己的看法，具有代表性的研究主要如下：

霍佳震、隋明刚、刘仲英认为，集成化供应链是指供应链的所有成员单位基于共同的目标而组成的一个虚拟组织，组织内的成员通过信息的共享、资金和物质等方面的协调与合作，优化组织目标(整体绩效)。[125]

李怀政、王学军认为，集成化供应链管理理论的核心思想就是把企业内部以及结点企业之间的各种业务看做一个整体功能的过程，通过信息、制造和现代管理技术，将企业生产经营过程中的各要素有机地集成，对物流、信息流、资金流、技术流与决策流进行有效的控制和协调，达到全局动态最优目标，以适应在新的竞争环境下市场对生产和管理过程提出的高质量、高柔性和低成本的要求。[126]

张秀萍提出，供应链管理的基本思想就是实现核心竞争力的整合，具体包括：通过内部供应链管理实现企业内部“子核心竞争力”的整合，通过外部供应链管理实现供应链上企业之间核心竞争力的整合，还有内部供应链与外部供应链的整合。[127]

李贵春、刘冬梅认为，整合的供应链管理（lntegrated SCM）是对供应链中的物流系统、价值流系统、信息流系统等的有效管理和控制，力图达到整体最优的目标，从而以一个有机整体参与市场竞争，满足市场对生产管理过程提出的高质量、高柔性和低成本的要求。[128]

北京大学联泰供应链研究与发展中心指出，“供应链整合”是指转换并“合理化”一个功能性供应链上各组织实体（公司、公司各个部门）行为的过程，这些功能被重新定义和重新分配，便于它们执行起来更快、成本更低，并且效果更好（提高品质来满足“消费者”的需求，即端对端供应过程中被转换或传递的输出的下一个“接受者”的需求）。[129]

服务型制造是制造与服务相融合的新产业形态，是一种新的供应链网络整合的形式。它是将供应链中的制造环节与服务环节进行高度融合，制造企业提供工艺流程级的产品制造活动，而服务企业在产品生命周期中为制造企业和顾客提供业务流程级的基于产品服务活动，双方合作完成顾客需要的产品服务的整体解决方案，满足顾客的功能需求。国外与服务型制造相类似的研究包括美国的基于服务的制造（Service Based Manufacturing）、澳大利亚的服务增强型制造（Service-Enhanced Manufacturing）、日本的服务导向型制造（Service Oriented Manufacturing）以及英国的产品服务系统（Product Service System）。国内与服务型制造相关的研究包括孙林岩、赵晓雷、林文进等对服务型制造的概念界定、价值来源以及主要科学问题等方面的研究；叶勤、郑吉昌、刘平等人对产品服务增值理论的研究基础以及特征等方面的论述；吴国升、程大中、宋高歌等人对产品服务化进行了探讨；蔺雷、吴贵生等对制造业服务增强的起源、现状发展以及内在机理进行分析。国内外对服务型制造方面的探索目前已经取得了一些成就，但还主要侧重于概念模型的建立、价值机理的分析、工程技术和工艺设计等方面，缺乏对服务型制造网络组织协调与管理网络成员之间的关系方面的研究。

服务型制造网络是在服务与制造相融合的环境下由各种利益相关者，通过市场机制，以资源（原料、信息、资金、人才）的优化配置以及综合利用为纽带形成的一个特定的生态网络组织。组织内部各利益相关者通过不断的竞争与合作，最终实现经济效益和生态效益的最优化目标。本书从生态效益评价的角度出发，探讨制造型企业与服务型企业相互融合对整体网络的均衡产生的影响。

服务型制造网络建立的最终目的是通过提供更有效率的产品和服务来实现经济、社会和环境效益的最大化。在服务型制造网内的制造企业集群与服务企业集群之间的关系以共生为主导，当然也存在着一些为了规避各种可能的风险而引入的竞争关系，两类企业之间呈现一种竞合的态势。

网络系统的结构是保证整个系统运作以及保证系统功能的基础。服务制造网络组织主要由制造企业集群、服务企业集群以及消费者集群构成。制造企业集群主要由原材料供应商、零部件制造商以及产品制造商构成，在产品服务系统中，作为满足消费者集群的产品需要的主体而存在。服务企业集群主要由物流服务、分销服务、售后服务等服务商组成，接受经济、社会和环境效益的驱动而作为消费者集群服务需要的主要提供者。消费者集群是最终产品和服务的使用者。由于该群体对产品服务的减量化、无害化等生态效益的要求，促使制造企业集群和服务企业集群逐步融合，尝试减少浪费、提供生态型产品服务系统。综上所述，服务型制造网络的概念模型如图 3-1 所示。

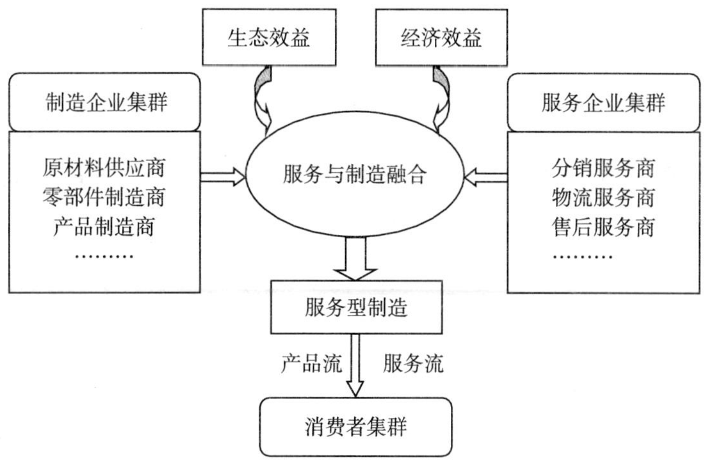

图 3-1　服务型制造网络概念模型

3.2　服务型制造网络的特征

服务型制造网络实质上是通过对传统供应链运行模式的变革。它通过形成服务企业与制造企业之间的联盟，整合双方各自所占有的资源和能力，以谋求在更大范围内提升整体的核心竞争力以及实现价值链增值空间的拓展，并最终为顾客提供新的产品形式——产品服务系统。所以，服务型制造网络要求网络中的成员企业必须拥有异质性的比较优势，通过整合网络中所有的互补性能力和资源，形成网络组织在资金、管理、技术等方面的竞争优势，以实现网络系统整体性的战略目标。

3.2.1　增值性

服务型制造网络的增值性来源于通过网络组织这种形式可以帮

助网络中的成员企业获得单独运作所无法获得的利润空间。由于服务型制造网络协同性的存在，使得整个网络的价值增值远远大于所有成员企业价值增值的简单加和。其原因来源于经过分工协作之后形成网络联盟会带来规模经济效益、范围经济效应和集聚效应，这些经济效应有助于价值增值过程。

服务型制造网络中的结点企业的选择要遵循价值增值的原则。只有当企业明确构建服务型制造网络的需求动机之后，才可能正确地识别自身与潜在的合作企业的共同发展方向，实现正确的网络化发展路径。服务型制造网络往往可以通过两个方面的价值增值活动来帮助企业提高绩效：一是消除整体价值链中无效或效率低下的环节活动，降低生产成本；二是通过服务环节的增强提升整个产品生产制造环节的价值增值幅度。

3.2.2 合作性

所有的成员企业通过服务型制造网络集合成一个价值增值网络。在这个价值网络中，每个成员企业都要依靠自身的能力和资源为整个网络组织的价值增值活动提供支持，这是整个服务型制造网络联盟形成的基础。而整个网络组织的最终目标的实现只有通过所有成员企业的共同努力才能完成，所以服务型制造网络中的成员企业通过相互的分工协作，增强网络的增效性和协同效应，才能最终实现网络组织长期良好的绩效。

3.2.3 自适应性

服务型制造网络形成和发展的环境非常复杂，存在诸多的非线性因素的影响。面对复杂多变的系统环境，要求服务型制造网络的成员必须不断地进行适应性调整。同时，要求服务型制造网络成为

一个开放系统，能够通过自我学习、自我适应、自我管理等活动构建一种适应环境动态变化的交流机制。

3.2.4 动态性

服务型制造网络的动态性主要表现为组织结构上的动态以及运作方式上的动态。由于追求共同的价值目标是服务型制造网络联盟形成的基础，所以网络组织的结构和内容会随着产品和市场的变化而变化。服务型制造网络能够按照顾客对产品服务的新理念以及灵敏性的要求，利用网络技术和信息技术动态地整合网络中的各种资源和能力，组织不同的成员企业共同满足顾客需求。但是，当某一一个战略目标完成的时候，成员企业如果考虑到继续与其他企业合作不再能实现新的价值目标可以选择退出。然后，网络组织会根据新的整体战略目标整合新的网络成员完成任务目标。所以服务型制造网络的组织结构和运作过程都是柔性的。随着目标的确定，结点企业的合作的形式可以是相互股权的参与，也可以是通过签订合作协议或口头的承诺完成。同时，网络结点数量可以随环境需要或者增加或者减少。

3.2.5 复杂性

服务型制造网络是由具有决策功能的动态活动结点所组成。构成网络的结点既是产品服务的加工中心也是信息加工和处理中心，其特征为：一是结点的数量较多，结点之间联结方式多种多样，且联结效果也有所相同；二是网络结点的决策主体不同，导致决策素质差异化，决策方式多样化以及决策过程的丰富化。服务型制造网络是通过信息流在各个结点间流动来实现内部沟通机制的。网络中的信息流可分为控制性信息流和知识性信息流，并且两种信息在网络中所占的比重的大小决定了网络决策中集中决策和分散决策所占的比例。同时，信息流从流动方向的角度可划分有单向流和双向流，不同的流动方向会使结点的性质以及相互之间的联系都发生变化。总之，网络组织中信息流的流向、流量、分布以及信息质量都会增强网络组织结构的复杂性。由于服务型制造网络权变性的存在，使得其边界具有模糊性的特点，很难被辨识。服务型制造网络是各种结点的动态集合体。随着服务型制造网络组织对环境变化的反应，要对组织的目标及运行过程进行调控，从组织结构上表现为部分结点的增加或者撤除，这个过程同样增强了服务型制造网络的复杂性。

3.3 服务型制造网络的运作模式

3.3.1 服务型制造网络的组织模式

服务型制造网络覆盖了传统的制造及服务的范畴，但是它与传统的供应链不同，并不去追求纵向一体化，服务型制造网络的结点包括：制造企业（原材料供应商、生产企业）、服务企业（物流企业、营销机构、售后机构）、顾客（消费者），通过物流、服务流、信息流、现金流以及价值流的联结，共同参与到服务型制造网络运营中，在相互的分工与合作的动态协同中自组织形成整体资源的优化配置，呈现出动态稳定的网络结构，如图 3-2 所示。

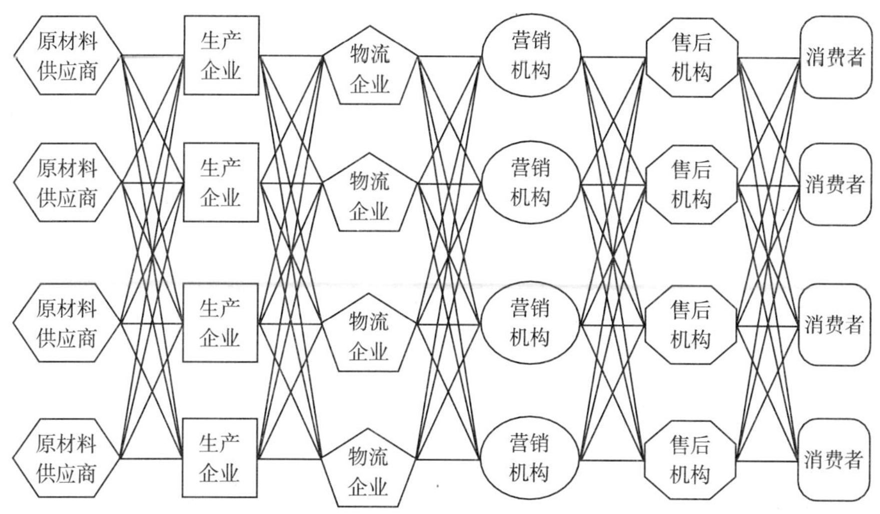

图 3–2 服务型制造网络组织模式

这种复杂网络的组织形式使得服务型制造网络更加复杂和动态化，表现在如下几方面：

（1）结点面临的交互和联系复杂化和多样化。服务型制造网络的结点企业提供的产品服务内容多样化以及范围的广泛化，使得企业所面向的顾客对象范围大大拓展，企业可以自由地跨层级服务于不同的顾客。在这种趋势下，传统的相对稳定的供应链关系被更加方便的产品服务网络所取代，供应商组织形式就由链式结构演化成跨层级复杂的拓扑网络结构。

（2）网络组织结构的动态化。服务型制造网络构成结点的结构和功能多样性以及动态性，破坏了原有的供应链静态体系结构，形成一种新的稳定的网络拓扑结构。

（3）服务型制造网络既存在产品流也存在服务流。网络中的服务流主要是覆盖产品全生命周期的连续性的服务行为以及服务需求在结点之间的信息传导。

3.3.2 服务型制造网络的生产模式

服务型制造网络是在科学技术水平快速发展以及资源环境对生产过程提出新的要求的环境下产生的新的生态型的生产服务组织方式。整体环境的发展趋势如下：

（1）现代先进制造技术以及信息技术的快速发展，使得生产过程中的产品设计环节和制造环节实现了分离，外部企业之间的分工协作关系变得日益专业化。在产品的生产制造过程中工艺流程级的分工和协作逐渐成为现实。例如，过去往往由一家企业集中完成的集成电路制造工作现在由承担测试、IP 核设计、晶圆制造（Fab）、IC 设计、封装、光刻等多家生产服务制造企业共同协作完成。

（2）信息技术的发展也促使生产活动和服务活动在一定程度上的联结更加紧密，出现了业务流程外包、服务外包等的服务工业化的组织模式。

（3）随着 CAD、CAPP、柔性生产、敏捷制造、精益生产为代表的先进制造技术的实施，使得中国的制造企业能够迅速地为协作伙伴提供定制化的生产制造过程服务。

（4）现代物流交通运输技术的快速发展，也为企业之间便捷的相互提供生产制造服务提供了有利条件，进一步促进了社会的专业化分工与协作生产过程。

（5）MPR、 ERP 以及知识管理等先进运作管理技术的运用，提高了生产与服务过程中信息知识的可视化以及可取得性，降低了由于企业边界存在而导致的企业之间信息的不对称，为以信息知识共享为前提的服务型制造网络的建立提供了帮助。通过制造企业及服务企业之间的协作接口的规范化过程，促使企业不同主体之间形成了新的组织形式——服务型制造网络。

这种新的生产组织形式有以下几个特征：

第一，从参与者以及参与程度来看，表现为顾客的主动参与到由制造企业和服务企业组织的产品服务系统的生产过程中，使得顾客从传统的仅仅是产品服务的被动接收者转变为整个生产过程的合作生产者。

第二，从组织形式上看，服务型制造网络并没有采用传统供应链的纵向一体化的组织实现方式，而是依靠制造企业、服务企业及顾客三个主要构成主体通过相互之间价值增值需求的感知，通过分工协作所呈现出的具有稳定拓扑结构的服务型制造网络系统。其系统结构通常表现为两种形式：一种是以大企业为主的服务型制造网络模式，网络中的其他企业通过依附大企业，为其的生产制造过程提供生产性服务活动来实现网络化的协作过程；另一种是实力均衡的中小型制造企业及服务企业所组成的企业集合体，企业之间相互平等，通过细致专业化业务分工实现高效率、低成本的生产服务流程分散化协作模式。

第三，从产品服务的生产消费过程看，服务型制造网络的主要产品服务的生产是以大规模的定制的方式进行的。首先将整个产品服务的工艺及服务流程分解成任务模块的形式。而网络中的成员企业只负责整个流程中的一个或几个任务模块。同时通过规范企业模块相互之间的接口，实现企业与合作企业任务活动的即插即用。

第四，建立工艺和服务流程的专业化分工协作模式，不但实现了网络资源由分散化向集成化发展的转变，也增强了企业之间资源和能力的依赖，可以帮助网络组织拥有相对稳定的结构。

第五，服务型制造网络通过工艺流程以及服务流程分工和协作，能够为不同领域的顾客提供个性化的产品及专业化的服务，也能够通过多种互补性资源的整合为多元化的顾客提供价值增值。从而增强企业自身和合作企业的规模经济和范围经济效应，降低了需求变动风险、市场供给风险以及投资性风险，使得服务型制造网络的抗风险能力得以增强。

3.3.3 服务型制造网络的经营盈利模式

服务型制造网络是在新的社会经济环境中产生的一种新的商业模式。随着经济的全球化以及科学技术尤其是信息技术的发展，使企业在全球范围内整合和发展支持生产服务业务的各类资源成为可能。原来企业很难获得稀缺的劳动力、物力和知识等资源，现在通过全球市场的交易打破了由市场的分割和信息的不对称等问题所形成的资源壁垒，从而降低了企业进入其他的制造或者服务领域的门槛，促进了企业整体价值链的延伸。同时，顾客价值观和需求业在不断地变化，也促使制造企业及服务企业向着服务型制造的方向转型。首先，顾客的需求越来越多样化和个性化，顾客需要产品服务由通用型向定制化的方向发展；其次，顾客的购买行为也由单纯的购买产品或服务转变为通过购买“功能”来满足自己的需求。现在顾客更关心的是通过有形的产品以及无形的服务所能带给自己的功能效用，而并不是产品服务本身。交易环境以及顾客需求的变化，促进了服务型制造网络的商业模式的产生。服务型制造网络组织以客户价值为关注焦点，将网络中分散的制造和服务资源进行整合，将顾客的需求和感知引入产品服务的定制化过程中，实现了最终产出由简单的物理产品或者无形服务，向能够有效满足顾客功能需求的产品服务系统的转变。同时，服务型制造网络中的企业也从单纯的产品或者服务提供商向产品服务系统的综合性解决方案的供应商转变，延伸了企业的价值链，提升了价值增值空间，也使顾客满意度得到提升。

服务型制造网络是一种商业运行模式的变革，其主要特征如下：

第一，供应商和顾客能够在服务型制造网络的运作中取得双赢的结果。顾客通过主动参与生产服务活动，使得企业能够更好地感知顾客的个性化需求；通过专业化分工和分散资源的集成，企业能够以更低的成本，更快的速度为顾客提供个性化的产品服务系统，提高了顾客价值；企业实现了以低成本方式延伸价值链，扩展了价值创造的空间和时间，带动了企业价值的提升。

第二，服务型制造网络表现为服务企业为制造企业的生产制造过程提供生产性服务活动，而制造企业为服务企业的服务过程提供产品支持，通过分工协作使服务企业和制造企业实现高度融合，并且为最终消费者提供达到其功能需求的效用内容。

第三，从业务经营方式来看，服务型制造网络表现为制造企业通过生产环节的服务增强向服务领域发展，以及服务企业通过提供基于产品的服务向制造领域的渗透。

第四，从交易方式上看，服务型制造网络将向顾客提供覆盖产品全生命周期的服务作为交易对象，将以往一次性产品交易方式向多次服务交易方式的转变，增加了企业的盈利空间。

第五，在定价方式上，产品服务系统供应商将按照产品的全生命周期所需要进行的服务来定价，而不是采取过去只对有形产品作一次性买卖交易定价的方式。

服务型制造网络的主要盈利方式是通过向下游企业以及直接消费者提供基于产品的服务组合来谋取利润，具体实施内容包括：一揽子解决方案提供、主动探求需求的个性化定制、全套产品外包、中间性产品配件外包、业务流程外包、基于解决方案的全寿命周期代理运营等。在这种模式下，服务型制造网络的企业的利润值远高于传统供应链中企业的利润值。企业的经营盈利模式由只关注产品转变为关注基于产品的综合服务解决方案。

3.4 本章小结

本章提出的服务型制造网络模型是将传统供应链的串行结构转变成并行的网络结构。以资源整合为核心建立生产企业和服务企业之间的集合，结合其自身所具有的资源或能力的竞争优势，达到提升整体核心竞争力以及实现整个价值链的高效率运营的目标，最终为顾客提供新的产品形式——产品服务系统。同时，分析了服务型制造网络的所具有的增值性、合作性、开发性、动态性以及复杂性等系统特性。结合服务型制造网络的实际情况，提出服务型制造网络在盈利、组织、生产三个方面的运作模式。

4　服务型制造网络形成机制研究

服务型制造网络形成的影响因素有很多，既有系统自身作用的内在的动力机制，也有外部环境变化对系统的推进作用。充分利用企业联盟的互补性资源能力优势提高整个价值网络的拓展和增值是形成服务型制造网络的原始动力。随着经济全球化以及科学技术的快速发展，中国的制造业遇到了很多新的情况，提高企业的价值增值空间，减少资源消耗以及环境破坏对社会经济系统造成的负面影响，从而提高企业的绩效，已成为企业变革所追求的主要目标。从生态学上看，服务企业和制造企业之间形成的服务型制造网络是一种共生融合的网络组织。在服务型制造网络的形成过程中既呈现出复杂网络的相关特性，也会有共生体的相关作用，所以可以从网络组织和共生体的角度对服务型制造网络形成的机理进行分析。另外，服务型制造网络是一个复杂系统，它的系统结构的形成要受到外部环境的影响与促进，也有来自系统内部的各种要素的相互作用的影响。本章将从现有理论以及内外部因素两个方面对服务型制造网络生成机制进行研究。

4.1 服务型制造网络形成的理论分析

4.1.1 资源依赖理论

资源基础理论认为，厂商是一个追求超额利润的经济组织，其目的是建立能够创造超额利润的资源或能力以及获取这些资源或能力所创造的超额利润。[130] Barney 认为，一般而言，厂商盈利能力与其拥有的生产资源及能力的特性有关，越是稀有的、难以完整地被模仿的和缺乏替代性的资源，其潜在的价值创造能力越大。[131]

资源依赖理论则指出，各企业之间的资源具有极大的差异性，而且不能完全自由流动，很多资源无法在市场上通过定价进行交易，企业必须要与它所处的环境进行交换而获取它需要的资源。[132] 相对于企业不断发展的目标来讲，任何企业都不可能完全拥有所需要的一切资源，因此，企业必须从外部获取以维持自己生存的资源。获取资源的需要就导致了企业与外部各组织（实体）之间的相互依赖性，这种外部组织可以是供应商、竞争者、顾客和政府部门，或者任何与一个企业相关的外部实体。为了有效地获取企业所需的外部关键资源，资源依赖理论提出，企业必须尽可能增强以下两方面的能力：①增强控制关键资源的能力以减少对其他组织的依赖；②增强控制关键资源的能力以提高其他组织对自己的依赖。

企业参与和实施服务型制造网络，是增强这两方面能力的有效途径之一。企业既可以通过服务型制造网络获取一种关键的资源，也可以通过服务型制造网络增强自己的核心能力，还可以通过服务型制造网络获取先进技术或稀缺资源。总而言之，资源依赖理论对

服务型制造网络动因的基本解释是：企业通过服务型制造网络可以与上下游企业实现关键资源的优势互补。例如，针对上游的特大供应商即国内外大型钢铁企业，美心公司（服务商）通过服务型制造网络，获得了稳定的采购源和钢厂为其“量身定制”的钢板，节约了大量成本；而制造商利用了美心公司的强大实力，提高了其研发能力。两方相互需要，而且优势互补。

资源依赖理论的发展对传统的资源概念作了进一步的拓展。该理论认为，企业是用来获得特许市场地位的各种特定资源的集合。随着时间的推移，企业会扩大它所需的特定资源的种类和范围。由于企业经历了不同的发展道路，企业拥有不同的资源，因此，企业为了开发其不同的资源而采取了不同的战略。由此，资源可以定义为企业的资产、知识、信息能力、特质和组织程序。这些资源可以被划分为财务、人事和组织等几种类型。在各种资源中，那些有价值、难以模仿和难以替代的资源可以使企业保持持久的竞争优势。

服务型制造网络至少可以在以下几方面帮助企业获得这些独特的资源：

（1）企业拥有的资源既可以是有形的，如某种先进设备，也可以是无形的，如企业的文化、管理能力、服务能力等。由于有形资源的可复制性和可模仿性比较强，因此，比较难以形成独特的资源。而基于团队的企业文化和组织管理能力等无形资产则非常难以模仿。这些资源通常是在一段时间内企业自身独特的发展历史所积累而成的。正因为如此，通过长期合作而形成的无缝连接的服务型制造网络也是难以模仿的，成为竞争优势和良好绩效的来源之一。

（2）服务型制造网络可以通过整合网内各企业所拥有的独特资源或能力来创造出新的稀缺的和不可模仿的资源或能力。例如，美国通讯设备制造商特拉伯斯（Tellabs）通过外部协议及内部运作原则的整合，充分利用外包制造伙伴的共用零部件清单，参与合作产品设计审查，并借助于制造伙伴的维修能力，改进和提高了自身的备用零件和服务网络，推动了采购、设计、维修服务和市场渗透等战略的改进，取得了巨大的收益。

(3) 服务型制造网络使其在市场上形成更好的信誉，这种信誉往往是单个企业难以形成的。南京夏普通过与供应商整合，使供应商的业务量和企业规模稳定增长，技术与管理水平不断提高，供应商的形象得到较大改善。以南京夏普为核心的服务型制造网络不但提高了各参与方的形象，同时也提升了网络组织的整体形象，创造了成本领先的整体优势。

4.1.2 核心能力理论

核心能力理论认为，一个企业可以创造出超过市场平均水平的利润，原因在于它能够比竞争对手更好地利用其核心能力，能够比竞争对手更好地将这些能力与在行业中取胜所需要的能力密切结合起来。因此，为使企业具有可持续的竞争优势，其拥有的核心能力除应该具有价值性、稀缺性、不完全模仿性和难以替代外，还要从下列四个方面来评价它所拥有的核心能力：占用性（Appropriability）、耐久性（Durability）、转移性（Transferability）和复制性（Replicability）。一个企业拥有的核心能力的占用性越低、耐久性越好、转移性和复制性越难，企业拥有的可持续的竞争优势就越强，企业持续获得利润的能力就越强。

(1) 占用性。核心能力的占用性是指由企业所拥有的核心能力所产生的利润被某些人所占有的程度。个人占有利润的程度越低，即占用性越低，企业持续获得利润的能力就越强。反之，企业持续获得利润的能力就越弱。例如，如果企业的核心能力深深地扎根于企业的组织文化之中，它就很难被个人占用，企业持续获得竞争优势的能力就越强。在服务型制造网络中，组织的整体利益主要来源于网络上各企业的优异表现和供应链整体的运作效率，其竞争优势

很难被某些人或某个企业据为己有，这种核心能力超越了个人或团体。在这种情况下，企业持续获得竞争优势和利润的能力就越强。

（2）耐久性。核心能力的耐久性主要是指核心能力作为利润源泉的持久程度，而不是指其物理耐久性。与过去相比，产品和技术生命的周期正不断缩短，这使大部分核心能力的耐久性大大降低。虽然有形的核心能力提供可持续获得利润的耐久程度正在下降，但企业内无形的核心能力的耐久性并未受到太多影响。例如，企业的组织管理能力、团队精神、企业的创新精神等最基本的特点等能够在较长的时间内对企业产生影响，并给企业带来持久的竞争优势。

（3）转移性。核心能力越容易转移，企业竞争优势的可持续性就越差。资源往往是容易转移的。例如，原材料、具有通用技能的雇员、机器，甚至工厂就是如此。而核心能力可能扎根于企业的组织方法之中，融于企业的文化和管理模式中，它们被企业专有的程度往往是比较高的，因而也不容易被转移。核心能力的可转移程度越低，企业持续获得利润的能力就越强。

（4）复制性。如果某个企业的核心能力虽不能轻易地被转移，但是倘若竞争者经过适当的投资就可以形成几乎相同的能力，那么，该企业就很难从这种核心能力中获得真正持久的竞争优势。经济学家的均衡理论可以解释这一点，即企业的利润会因为竞争而消失。新的市场竞争的进入者复制资源和能力，生产相同产品，然后在竞争中削减价格从而无情地将产品推向低利润状态。核心能力越容易被复制，其战略作用就越低。

从核心能力的理论来看，企业既不可能也不必要在每个方面都做到最好；相反，企业需要集中资源发展那些有利于提高其核心竞争力的活动。因此，企业势必将那些企业不擅长的、不能创造战略差异优势的活动交给其他企业完成，这就产生了服务型制造网络中企业之间相互合作的需求。由于服务的连续性、产品质量稳定的要求、及时满足顾客需求等外部要求的拉动，以及企业自身降低成本、提高效率等内部要求的推动，这种合作必须是长久的、互利互惠的，因此，初始的合作需求有可能转化为长久的企业间的合作伙伴关系。

4.1.3 组织学习理论

资源依赖理论与核心能力理论忽视了资源或者能力的创造过程，组织学习理论（Organization learning）对此进行了补充与完善。该理论认为，隐藏在资源、能力背后，决定企业竞争优势的是企业的知识以及与知识密切相关的学习，企业本质上说是一个知识的集合体，企业的知识存量决定了企业配置资源等能力，从而最终在企业产出及市场力量中体现出竞争优势。[133] 企业知识的创造过程——组织学习成为企业创造竞争优势的来源。服务型制造网络可以使企业获得新的学习机会。通过服务型制造网络可以从网络中其他企业获得新的技能，服务型制造网络成为企业间转移知识的有效手段之一。

近年来，企业间学习逐渐成为供应链研究的焦点之一。在当今信息发达和交通网络便捷的时代，企业对有形资源的组合变得更加方便，但是，对于知识和技能的传递，特别是隐性知识和技术诀窍的交流，不一定能通过先进的信息技术能实现。通过服务型制造网络，企业之间长期以来的合作和频繁的互动打破了企业之间的边界，促进企业间学习，在企业之间实现了知识创造和扩散，提高了企业学习和知识获取的效率与效果。

组织学习理论的缺陷在于它只将焦点集中在企业之间的知识开发和交流上，而没有考虑到所涉及的成本。例如，在服务型制造网络中，制造商与服务商之间可以通过培训教育，交流双方的经验，提高其与供应商共同学习的能力。因此，服务型制造网络中信息分

享的风险要比市场交换方式的风险低得多。

4.1.4 社会关系理论

社会关系理论认为，任何经济组织或个人都具有与外界一定的“社会关系”（Relationship）与“联结”（Tie），都镶嵌或悬浮于一个由多种关系联结交织成的多重、复杂、交叉重叠的社会网络之中，经济组织或个人的行为都受到这种“关系”或“联结”的影响与作用。它还提出了这样的观点：组织的关键资源可能会存在于组织的边界之外。因此，企业可以通过在其内部资源和外部资源之间构建的关系形成新的竞争优势。

Dyer 对于日本汽车制造商网络与美国汽车制造商网络的比较研究发现，企业间专用资产的投资和公司绩效之间呈正相关关系，即特定关系资产的投资越大，获得关系收益的潜力也就越大。[134] Ahuja 认为，一家公司拥有的直接和间接联系会影响公司的创新能力，但间接联系对创新的影响会被直接联系稀释。[136] Dyer 和 Nobeoka 认为，具有更大的知识多样性的网络，在知识的产生、转移和再结合方面比独立的公司更有效。[135]

应该说，企业拥有的对协同效应较敏感的资源的比例越高，则企业相互结合之后资源的价值难以模仿的程度就越高，企业产生关系收益的能力也越强。企业通过互补性的资源来产生关系收益的能力主要取决于：企业以往合作的经验、企业对寻找和评价合作伙伴关系的投资，以及企业占有丰富的信息资源的能力。

企业拥有的降低交易成本的管理控制能力越强，获取关系收益的潜力就越大。在网络中，各企业如果能够采用自我管理防范措施（如信任、忠诚）的能力越强，获得关系收益的潜力就越大。因为企业之间可以有更低的契约成本、监督成本、适应成本和重新签约成本，有更强的创造价值的动力。供应链企业之间越能够用更多的非正式的约束方法，如信任而不是正式的自我约束，如经济上的奖励和惩罚，则获得关系收益的能力就越强。

社会关系理论从更宏观的背景来考察服务型制造网络，从这种视角来看，服务商和制造商以通过在其内部资源和外部资源之间构建的关系形成新的竞争优势。

4.1.5 交易成本理论

交易成本理论研究的核心问题在于企业如何组织它的跨边界活动，才能使它的生产和交易成本之和达到最低。该理论认为，企业、市场都是组织生产的方式，前者主要依靠个人的权威、科层的计划管理来分配资源，而后者则主要是依靠灵活的价格机制。现实当中，除了这两种治理结构外，还存在一种所谓中间混合形态（Hybrids Forms），如股权合资（Equity Joint Venture）、日本的“企业系”（Keiertsu）或是韩国的“财阀”（Clan）。按照这样的逻辑，服务型制造网络本质上就是供应链企业之间为了达成某种“交易”关系，实现某种战略目的，而达成的一种特殊的、介于企业和市场之间的一种契约关系或者说治理结构，它既能降低市场失灵所导致的不确定性，又能减少建立一个科层组织的成本。因此，从交易成本理论的视角看，网络组织的本质是企业间合作的一种形式，是根据企业实际情况选择可以使服务型制造网络各参与方交易成本最小化的治理模式（Govemance Mode），是介于完全市场化和纵向一体化之间的供应链战略联盟，即拥有纵向一体化在企业内部配置资源的交易成本优势和完全市场化由市场配置资源的效益优势。

Jarillo 指出当一个网络结构的安排对于加入公司可以最小化其交易成本时，网络化的结构要比市场或者科层制度更有效。特别是居于中心结点的公司，可以通过致力于那些对其竞争优势起关键作用的活动而受益，同时其他的那些活动可以由别的公司来完成，而

这些公司也分别专注于他们擅长的活动领域。[137] 因此，整个网络通过专业化分工而获益，降低了整体的生产成本和交易成本。另外，机会主义行为在这样的网络中也被降到最低的程度，因为企业之间相互信任并需要在这个网络中继续生存下去。同时，服务型制造网络还可以帮助企业认识到那些不能同企业的独特能力相结合，或者管理起来很困难并且成本很高的活动，并避免使这些活动内部化。

交易成本理论对服务型制造网络的解释受制于效率以及成本最低化的前提假设，而服务型制造网络可能会源于其他的原因，如企业间的学习等。这些原因就超出了交易成本理论解释的范围。此外，许多组织和人的问题也被纯交易经济学的框架所假设。这种假设提出，每个合作伙伴关系中的人都会独自工作，并且这种参与的合作文化会轻易地融合在一起。但是，企业通常不会独自工作，而且合作中文化也常常会发生冲突。

综上所述，以上理论分别从不同的视角切入，对服务型制造网络进行了相应的分析说明。显然，它们也都可以对服务型制造网络的某一类问题做出解释，但同时也具有一定的局限性。不容置疑的是，在经济全球化的潮流中，现代企业不可能单打独斗赢得竞争优势和良好的绩效。通过服务型制造网络，实现成员企业之间的分工合作，各企业致力于自身核心能力的发展和完善，并对网络组织整体及各企业的竞争优势和绩效产生积极的促进作用，已经成为企业获得持续竞争优势的重要和有效的战略之一。

4.2 服务型制造网络外在促进机制

4.2.1 服务型制造网络成本推动机制

在理性经济人假设条件下，企业是否与其他的企业组成服务型制造网络，关键在于其所获的边际收益是否高于边际成本。服务型制造网络通过资源互补效应使参加到网络中的企业成本降低，同时获得更高的价值增值空间。

（1）降低生产成本的动力机制。服务型制造是对传统制造业产业链组织方式的重新优化和再设计。往往一个完整的制造业产业链涵盖了从最初的原材料到中间产品，到最终产品，最后交易到最终用户手中。产业链通过这一系列的环节来衔接各类企业，同时也可以把各类企业之间的关系看做一种市场关系。发展服务型制造，建立服务型制造网络可以使企业通过业务扩展，向价值链的高端转移，这样可以避免各个主体之间的竞争。

企业外包活动的发展为服务型制造网络的出现提供了动力。在制造业发展过程中，根据客户需求的变化、自身管理成本降低以及效率提高等方面的需求，倾向于在不影响企业自身核心竞争力的前提下，企业将整个制造过程所需的某些生产性服务外包。这一活动的根本目的是企业想获取成本方面的优势。如果将企业看做一个生产函数，需要组织多种要素资源，如技术、财物、人力等，才能够最终提供顾客需要的产品或服务。在此过程中，企业又必须寻求成本最小化，通过成本优势来获取最终的市场优势。所以，在生产过程中，企业需要决定是由内部完成各种服务还是从企业获取。如果

外部企业能够以更低的成本更高的效率提供，那么这项活动就应该由外部企业完成。随着外部化的服务越来越多，水平越来越高，服务型制造组织就逐步形成了。

（2）降低交易成本的动力机制。

第一，任何企业都有降低交易成本的驱动力，企业能否加入服务型制造网络，交易成本降低将是一个重要的影响合作因素。服务型制造网络由于在资源的综合利用、知识交流以及产品的去物质化方面有较强优势，从而有助于企业降低交易成本。

第二，交易的频繁性推动企业建立网络联盟。针对企业的数额较大投资，如果在整个投资过程中交易的次数较少会无形之中增加投资成本。而频繁的交易活动却能够帮助企业分摊初始投资成本，这样才能保证投资的价值。所以，我们往往认为企业只有进行次数很多的交易才能保证在投资上具有经济性，这就是交易频率的专用性问题。对于已经参与到网络组织的企业，只要其经营活动不停止，那么交易活动就不能中断。因为已有的交易关系一旦中断或者不稳定，就会使企业的损失比非连续性的交易所付出的成本更大。同样如果寻找新的合作伙伴进行交易又需要付出新的初始成本，从而会加大企业的损失。所以，通过构建网络联盟来推动交易的频繁性是企业减少投资成本的最好路径。

第三，分工的深化促进企业间网络组织的形成。大型制造业服务型制造网络的核心企业，随着规模扩张，其需要的采购、营销、设计等服务种类也在增加。面对这些需求的时候，企业可以选择内部化，即建立相应部门由自身组织完成。但是容易导致内部交易部门的膨胀，引起部门之间交易费用以及管理协调费用的增加。另外一个选择就是外部化，即向其他企业购买相关服务。在服务型制造网络中，对于核心企业伙伴关系紧密而广泛，能够减少交易对象的搜索费用，同时企业间存在信任和承诺，也可以减少履约风险。所以，这些状况使服务型制造网络中的企业将交易成本降低到小于所带来的收易的程度，有利于企业发展。

4.2.2 服务型制造网络效益拉动机制

（1）网络衍生的集聚效应机制。

第一，通过网络集合拓展了市场的发展空间。将具有重要关联关系的制造企业与服务企业融合形成服务型制造网络以后，对由原材料、半成品、产成品、生产副产品形成的物流以及各种服务形成的服务流进行优化，建立起企业间紧密的共生关系向顾客提供产品服务组合，使顾客的需求在较高层次上得到满足，同时也会为企业创造广阔的市场机会。

第二，网络活动增强了技术知识的溢出效应。由于服务型制造网络关系的存在，使得企业间除去与企业核心竞争力有关的关键技术以及战略机密之外，通常会出现网络内部技术信息和知识溢出。这些技术、信息以及知识在网络内部的流动和传播是和企业间密切的沟通途径以及合作行为有着必然联系的。网络中各家企业之间的业务往来、培训、商务谈判以及休闲聚会等诸多活动，促进了员工之间通过各种现实的以及虚拟的方式进行交流的机会。这些交流过程推动了信息知识的共享，从企业层面来看这种信息知识共享对网络中的所有企业的长远发展是有利的。通过这种形式，企业可以很容易地了解自己目前所达到的技术知识水平以及行业技术知识的最先进水平，并且可以获得本行业的发展趋势、竞争状态、竞争结构、竞争对手情况等重要的商业情报。与此同时，这种溢出过程事实上也是网络组织的技术知识创新的传播过程。企业可以通过这种创新共享，加快企业的技术知识革新，实现企业的组织流程的变革。所以，正是由于服务型制造网络的存在，通过市场发展以及技术知识的溢出效应，推动企业加入网络组织中提高企业的技术知识水平，增强企业在市场中的竞争优势。

（2）规模经济与范围经济的共同作用。在经济学的基本原理中，规模经济和范围经济的概念对生产制造以及服务领域有着重要的贡献。在企业的一定的资源约束范围内，并不是企业的生产规模越大其成本越低，这里存在着一个上限。当规模超出资源调配上限的时候，反而出现规模不经济的状况。而服务与制造的融合打破了这种资源范围的约束，在一个网络组织层面进行资源的整合。在这种状况下，企业中原来不能被利用的资源以及技术知识在网络中可以得到充分开发利用，存在着规模经济。同时由单一产品向产品服务组合方案的转变，也使企业提供的功能服务范围增加，同时经营利润也随之增加，范围经济在服务型制造网络中体现得尤为明显。

4.2.3 服务型制造网络环境取向机制

（1）节能减排的环境要求。最近 100 多年，人类一直处于能源、资源、环境与经济发展的矛盾之中。以科技、机器为基础的社会化大生产在带来财富几何级数增长的同时，也伴随着资源耗费的迅速增加及资源环境承载能力的日益减弱。中国的人均资源占有量相对较低，而且近年来经济的高速增长是以资源的粗放开发利用的代价换来的。同时，也使我国暴露出由于粗放的工业化进程带来的社会问题。其中最主要的矛盾包括资源和能源的供需矛盾、资源紧缺与资源利用效率低下的矛盾、经济发展与环境污染的矛盾。基于面临的资源环境的严重状况，节能减排被作为一项通过转变经济增长方式和产业结构性调整来解决问题的手段提上了日程。

在节能减排目标的约束下，中国制造业要实现健康可持续发展，提高整体的资源利用效率，必须实现制造业价值的增长模式的软化。通过将制造业业务向产业链高端延伸，发展以知识为主要要素的高端制造业，同时推动以知识作为主要生产要素的服务业与制造业进行融合。通过这一过程提升制造业生产效率，降低对资源的消耗强度，促进节能减排。

（2）生产模式的创新要求。为了应对社会经济环境的变化以及科学技术的快速发展，企业的生产制造以及相关服务方式也在发生着变化，不断有新的生产组织方式出现。其中包括准时生产、精益生产、敏捷制造、计算机集成制造、柔性制造、生态制造等。而社会经济发展对制造模式提出新的要求：一是信息技术的集中应用；二是新的生产组织模式资源整合范围由企业内部转变为更大范围内企业间的外部的整合；三是要求生产组织模式具有权变能力，能够柔性动态地反映顾客的需求，适应环境变化。

服务型制造是在服务与制造融合的前提下以快速响应顾客需求以及有效增强企业竞争优势为主要目标的一种新的生产组织模式。这种模式通过信息技术的集成，将制造企业和服务企业整合起来，向顾客提供基于产品的服务解决方案以满足其定制需求。同时，这种组织方式打破时间和空间的约束，生产服务活动覆盖产品整个生命周期。在供应链的设计、采购、制造、销售各个环节进行生产和服务集成，通过企业间的协作，整合共享网络中的各种资源，低成本、高效率地为顾客提供产品服务组合。

4.3 服务型制造网络内在生成机制

服务型制造网络是一个复杂的网络系统。整个网络系统的形成不仅受外部系统环境的影响和推动，同时其内部诸多要素之间相互作用所产生的内部影响力也起到重要作用。而在内部作用中起最为关键的是系统的复杂性，具体表现为系统的自组织和协同作用。服务型制造网络的自组织机制以及协同机制是其形成的内在生成机制。

4.3.1 服务型制造网络的自组织机制

实体系统（如自然系统）的演化规律与热力学定律是一致的。它们往往由非平衡状态向平衡状态转化，然后又从有序状态向无序状态转化，不断往复变化。但是，在对社会组织系统的研究中我们往往关注于该系统从无序状态向有序状态的演变过程。普利高津教授提出了作为"新三论"之一的耗散结构理论。他认为，针对一个远离平衡状态的开放系统，这个系统可以是生物系统、化学系统、物理系统等，当其外界条件变化到达某一特定阈值时，会使该系统重新达到平衡状态，即量变引起质变。在整个演变过程中，系统的开放性使其可以通过与外界的物质能量交换使内部的分子运动产生自组织效应。同时，构成复杂系统的诸多子系统也会通过这种互相协调的作用，从原来的一种无序状态演变成一种新的在空间、时间以及功能上有序的自组织系统结构。我们常常把这种非平衡态下的新的自组织结构称为耗散结构。这种理论帮助解释了一个开放系统结构从无序向有序发展的演化过程。同时，也对社会组织系统的有序与无序、整体与局部、决定论与随机性、平衡与非平衡等问题提供了很好的理论支持。通常我们认为出现自组织效应要有三个必要条件：一是必须是非平衡状态的开放系统；二是系统内各个要素之间的相互作用必须是非线性的；三是系统必须有涨落的触发。

服务型制造网络作为一种多个企业共生网络组织形式，在形成和发展过程中要受到内部多个要素的共同作用，同时这些共同作用的因素彼此相互影响、相互制约、相互渗透。所以，服务型制造网络内部构成要素之间存在的是一种非线性的作用。如果系统的外界条件发生了变化（如技术知识水平的快速发展、网络组织结构发生变化或者有新成员加入），会对整个网络系统造成影响和冲击，使得整个服务型制造网络在强大的扰动作用下远离平衡状态。在这种状态下，服务型制造网络由于开放性的特点会不断地与进行产品、服务以及信息的交换，通过所有权、信息、物质以及人员流通过程，使网络系统处于不断调整和变化的动态过程中。当系统的状态达到某一阈值的时候，服务型制造网络系统将从这种由于外界变化带来的非平衡的运动状态演变为一种新的在空间、时间和功能上相对平衡的静止状态。所以说，服务型制造网络系统的形成来源于整个系统结构在外界条件的影响下由非平衡状态向平衡状态发展的驱动力。

当服务型制造网络系统处于平衡状态的时候，由于网络系统的全开放的特性，通过各种物质信息的交换使外部的压力缓解或者消失，外界条件的变化不会影响网络系统的结构和功能，所以服务型制造网络系统的平衡处于一个相对稳定状态。当服务型制造网络系统处于线性非平衡区时（仍处于相对平衡状态），由于线性作用所产生的外部的微涨落，这种微涨落只会对网络系统发生很小的影响。这种外部条件的微小变化（如产业政策的调整而使网络成员发生变化）所造成影响，仅仅使网络系统的平衡状态出现微小的偏离。同时，这种微涨落的能量不足以影响服务型制造网络系统的平衡状态，并且这种平衡状态的偏离会随着时间的推移不断削弱直至消失，而整个系统会重新回到稳定的平衡状态。当服务型制造网络系统处于非线性非平衡区域时（处于远离平衡状态），一些外部条件的变化（如企业成本急剧增加），由于诸多要素的非线性的多重作用，导致这一变化过程不断得到放大，表现为网络成员大量流失诸多问题。这样就形成一个巨涨落过程，使整个服务型制造网络系统进入了非稳定状态。如果企业、政府和社会针对这一情况加以调整，对服务型制造网络系统而言，就获得了负熵控制。从而在负熵输入的影响下演化为一个新的稳定状态，整个系统在新的条件下达到新的平衡状态。服务型制造网络系统的自组织过程如

图 4–1所示。

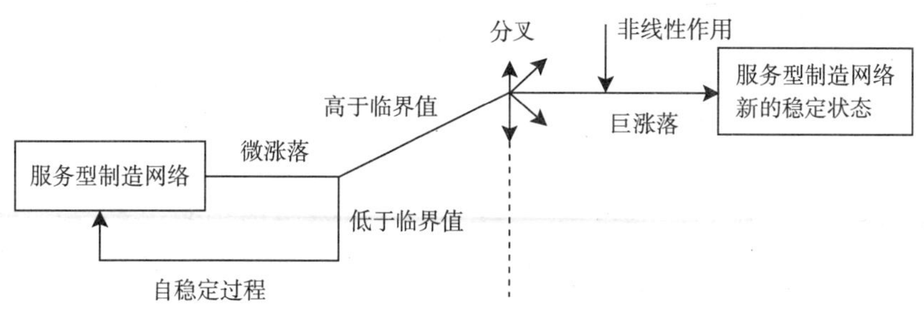

图 4–1　服务型制造网络的自组织进化过程

服务型制造网络系统在具体实践过程中是通过网络中所有成员共同遵守合作协议来谋求整个系统的平衡有序。通过这种程序框架的承诺来保证网络组织不会因为巨涨落而导致整个组织结构和功能遭到破坏，甚至导致整个系统混乱低效乃至崩溃。除了通过契约制度形式建立的网络结构连接机制来寻求有序之外，还可以通过服务型制造网络组织文化（愿景、价值观和个性特征）来帮助实现网络组织结构的稳定性。组织文化会对网络组织在结构层面以及技术层面的变革进行阻挠，这种变化也会对整个系统的演进带来影响。服务型制造网络的内部自组织机制使网络系统能够迅速对外界环境的变化做出适应性反应，同时有助于通过能力和资源的重新配置来实现系统内部的稳定平衡，使系统能够在外部条件不断变化中可持续发展。

4.3.2　服务型制造网络的协同机制

服务型制造网络是一个有诸多子系统构成的开放的复杂网络系统。所以，在该系统的形成过程中要受到其协同机制的影响和支配。由哈肯提出的“协同学”，主要研究在一个复杂系统中各子系统通过协同形成系统在时间、空间以及功能上的结构。这种有序的系统结构同样也是系统的自组织过程所形成的。协同学认为系统处于平衡状态还是非平衡状态，并不会影响该系统从无序向有序转化的过程。只要系统是由诸多子系统构成，那么在一定条件下这些子系统就会通过一些非线性作用使系统在时间、空间或功能上形成稳定的结构。这种通过协同形成的自组织系统结构，会表现出一种新的稳定状态。所以，服务型制造网络系统也存在系统平衡之前的原状态以及协同之后新的平衡态。这两种状态演变过程促进了整个服务型制造网络的形成。

序参量在服务型制造网络的协同过程中起着重要作用，它对构成网络系统的诸要素的行为运动起着支配作用。序参量与其他参量之间相互依赖、相互影响。序参量对其他参量的变化起主导作用，同时其他参量也通过反馈影响着序参量。所以，在序参量的支配下，其他参量协同一致，形成了一个不受外界条件变化以及涨落影响的自组织系统结构。子系统之间通过某种关联作用来实现协同合作效应。所以，在协同学中的所谓协同就是在序参量主导下形成的各子系统之间的协同运动。

服务型制造网络中的协同还表现为序参量之间的协作和竞争。往往在服务型制造网络中同时存在多个序参量。同时，这些序参量之间的协作竞争的最终结果决定整个网络系统的状态。网络中的诸多子系统往往由于衰减常数相近而导致妥协，通过协作活动共同形成网络系统的稳定有序的系统结构。但是，当外界条件发生变化的时候，这种协作关系就会被破坏。在一个新的系统环境中，由于序参量之间的竞争行为会导致某个序参量主导整个网络的形式。

服务型制造网络系统的涨落在整个网络的形成过程中起着重要作用，是驱动整个系统进行演变的重要因素。一般情况下，序参量偏离统计平均值的涨落对整个服务型制造网络系统的形成并没有什么影响。但是，当外界条件变化达到一定的值时，服务型制造网络将处于不稳定状态，这时这种涨落就会被加大，会使整个系统演化

到一个新的稳定状态。

4.4 本章小结

服务型制造网络的形成是受多种因素共同作用的结果。本章首先在组织学习、社会关系、资源依赖、核心能力、交易成本五种理论基础上论证服务型制造网络形成的必然性。然后从内在生成和外在推动两个角度分析影响服务型制造网络形成的各种因素。其中，外部因素主要关注于环境取向、效益拉动和成本推动三个方面，而内部因素关注网络系统自身的自组织和协同。

5 服务型制造网络的利益协调机制研究

服务型制造网络的成员从广义上可以定义为制造商、服务商以及消费市场，只有当制造商、服务商双方组成的结点间产生正常的交易时，才发生物流、信息流、服务流的流动或交换。而服务性制造网络可以通过契约关系来表达这种流动或交换。同时，可以通过建立契约关系协调双方的利益内容，对各合作伙伴的状态、结构、功能等表征系统特征的要素进行作用，以产生整体网络组织的一致性，并实现整体网络在不同发展阶段的预期目标。本章在分析供应链契约和网络协调相关原理的基础上，提出了服务型制造网络利益协调模型。从产品服务系统的形成和消费过程，将服务型制造网络利益协调划分为内部协调和外部协调。内部协调主要分析在四种不同状态下服务商和制造商的利益协调关系，而外部协调是在由制造商和服务商构成的供应商与消费者之间建立基于奖励和惩罚的资源节约共享契约的利益协调机制。

5.1 供应链契约的相关内容

根据契约经济学，供应链是由一系列的契约组成的。[138] 因为供应链契约（Supply Chain Contract）通常提供一些激励以调整供应链的成员关系来协调供应链，使供应链的整体利润与一个集中的系统下的利润尽量相等。即使达不到最好的协调——与集中系统下的利润完全相等，也可能存在帕累托（Pareto）最优解（每一方的利润至少不比原来差）。因此，供应链契约引起了越来越多研究者的注意。

5.1.1 契约的分类

由于现实经济生活的复杂性，单项交易模式即“购进协议明确，售出绩效确凿”模式越来越不能用以概括现实的契约关系。由此，法学家伊恩·麦克内尔[139]区分了单项交易和关系交易，后来他又进一步把契约分为三类——古典契约、新古典契约和关系契约。

（1）古典契约。古典契约是一种完全契约。其事前对契约各条款做出明确规定，如契约的有效期及各项权利、获得收益的条件等，但如果存在遗漏则有契约法可以予以弥补。古典契约的概念不考虑第三方的参与，也没有考虑不确定性的因素。

（2）新古典契约。由于经济生活中的不确定性，存在许多“在不确定条件下执行的长期契约”。因此古典契约的范畴并不能涵盖所有的交易。新古典契约作为一种不完全契约由此产生，它给未来可能出现的不确定性因素留有余地，具有一定的灵活性，在解决争端时，通常引入第三方的力量进行裁决或仲裁。

（3）关系契约。关系契约也是一种不完全契约，它内生于一定的社会关系体系之中。这种契约的存在是由于契约本身由于某种原因存在缺口，并且这种缺口通常无法通过契约法或第三方仲裁来弥补，只能依靠在关系体系中的联系协商（如信任）来解决。

威廉姆森[140]在前人研究的基础上，提出了契约中责权的分配的问题。他指出，机会主义、有限理性与不确定性等原因都使得契约存在不完备性，从而需对契约的结构问题进行治理。威廉姆森按

资产专用性和交易发生的频率对交易进行划分，将其分为六类，如表 5-1 所示。他分别考察了这六种交易，得出了以下结论：①市场治理主要用于偶尔发生和重复发生的非专用性交易，交易主要基于古典契约；②双边治理结构则针对重复进行的混合型交易，其通常是专门设计的，其基石是关系契约；③三边治理用于治理偶尔进行的混合型和高度专用性交易，有时需要政府、中介或其他第三方的介入，其主要基础是新古典契约；④当资产越来越专于某一用途时，垂直一体化治理结构出现了，关系契约是其主要的治理手段。

表 5-1 契约的治理结构与类型

		资产专用性		
		非专用性	混合型	专用型
交易频率	偶尔发生的	市场治理（古典契约）	三边治理（新古典契约）	一体化治理（关系契约）
	重复发生的		双边治理（关系契约）	

显然，供应链是多层次企业动态合作的复杂过程，在供应链组建时，更多的是依靠市场治理结构，也就是依靠古典契约搭建构架；随着合作的深入，供应链专用性资产和不确定因素越来越多，就必须引入第三者裁决一些争端，这就是新古典契约；同时，重复事件加深合作方的关系，加上利益纽带，关系契约就起到相当大的作用。

5.1.2 供应链契约的原则和目的

通过契约关系建立供应链可以达到如下目的：

（1）确定风险/收益共享原则。即如何在供应链成员之间拆分期望总收益，它决定成员如何共同承担由于不确定性因素带来的风险，不确定性因素包括市场需求、资源供应、产品质量、递送时间（延迟期）以及货币利率和通货膨胀率等。

（2）改进系统整体性能。改进系统整体性能也称为系统协调。实现系统协调，首先要确定导致不协调的内部因素，再修改成员关系，以趋近于系统协调的状态。

（3）维持长期合作伙伴关系。双方应分析共同目标，对非合作行为进行处罚，其中，时间长度是伙伴关系的重要因素，可以为双方提供更加优惠的条件，减少短期行为的高费用和成员之间的不信任感。

供应链契约是针对供应链运作时存在的问题提出的，并通过对供应链运作过程的程序化、标准化和规范化来解决这些问题。为了实现对供应链运作过程的程序化、标准化和规范化，使供应链能有效控制、良好运作、充分发挥功能，供应链契约的创立应基于以下原则：

（1）完全网络化。供应链的运作应该基于网络，充分利用现代科技。没有网络，无从谈及供应链的高效、快捷。供应链契约应该针对网络而订立，脱离网络的供应链契约没有现实意义。

（2）高度信息化。信息化是供应链运作的基本要求。信息快速地、正确地在供应链内企业之间传递和收集，做到零时间响应。供应链的创立应该基于供应链的高度信息化的实现。

（3）市场规范化。供应链是一个市场，市场需要规范。正如每一种游戏都需要规则一样，供应链葜约提供完善的规则，规范市场。没有规矩，不成方圆。

（4）法律功能。供应链契约的法律功能分为正式和非正式两种。正式的法律功能可以作为法律判定依据。这主要是指在供应链契约中像契约这样受法律严格保护的部分；非正式的法律功能，对违反供应链的信任原则和互利原则而又不够法律处罚的企业实施供应链内部裁决和处罚。

（5）安全。供应链是一个企业群体。在该群体内，企业相互之间应该是信任和放心的，企业处在一个安全的环境之中。供应链契约应该有相应的章节保证企业和整条供应链的安全。

5.1.3 供应链契约的内容框架

针对以上分析，供应链契约的内容拟订为以下三部分：供应链契约文本（SCCP 文本）；供应链契约标准（SCCP 标准）；供应链契约网（SCCPNet）。[141] SCCP 文本是供应链管理规范化、文本化、程序化的主体部分，可以划分为以下十个部分：①定义；②语法规范；③文本规范；④供应链的组建和撤消；⑤企业加入供应链条件、享受权利、应担风险以及应尽义务；⑥供应关系的确立与解除；⑦信息的传递、收集、共享与发布；⑧供应、分销与生产的操作；⑨资金结算；⑩纠纷仲裁与责任追究。在这十部分中，前三部分是基础部分，对涉及供应链管理模式的名词、供应链契约的名词进行严格的定义，对供应链契约的语法、文本进行规范化；第④、⑤、⑥、⑦、⑧、⑨部分是操作部分，规定供应链如何运作；第⑩部分是法律部分，保证供应链的安全和正常运作。

SCCP 标准包括产品标准、零配件标准、质量标准、标准契约、标准表（格）单（据）、标准指令、标准数据、标准文本以及 SCCPNet 标准等。SCCP 标准结合 STEP 标准、EDI 标准、IS09000 系列标准、GATT（现为 WTO）标准、TCP/IP 标准，建立一系列标准，为供应链契约的实施提供保证。

SCCPNet 分为硬件和软件两部分。硬件为：Internet/lntranet/Entranet、客户机、工作站、网管中心。软件为：数据库、网络系统、SCCPNet 支撑软件。目前，支持 SCCPNet 的硬件不是障碍，软件中的数据库和网络系统也不是障碍，关键是 SCCPNet 支撑软件的开发。SCCPNet 支撑软件已经在美国出现，中国上海的同济大学刘仲英教授正进行一些基础工作的研究。

SCCP 文本是供应链契约的主体部分，SCCPNet 是供应链契约的具体实施，而 SCCP 标准是供应链契约的一个重要基础。供应链契约的三大组成部分相互支持，统一于供应链契约的框架下，是一个有机的统一体，缺了哪个都不行。在契约的具体实施过程中，供应链文本契约、支撑网络和标准可以从其他的领域（诸如 GATT、IS09000、EDI 等领域）来类比构造。GATT、IS09000、EDI 都有一个经过实践检验的成熟的契约文本；IS09000 系列标准、STEP 标准和 EDI 标准（UN/EDIFACT 标准）都是逻辑严密的标准典范；EDI 还是一个功能完善的应用网络系统。类似地构造满足供应链运行所需要的 SCCP 文本、SCCP 标准、SCCPNet 是可行的。SCCP 标准可以直接引用 IS09000 系列标准、STEP 标准和 EDI 标准。SCCPNet 可以借鉴 EDI 的形式进行操作，但现有 SCCPNet 支撑软件都突破了 EDI 的不足，比 EDI 更具实用性。因此，供应链契约的订立是现实的。

供应链契约执行的现实性是存在的。在目前情况下，法律条文可以保障供应链的应用。经济、贸易、知识产权保护等方面法律可以适应供应链初步应用的需要；随着供应链的进一步投入实践，专门的法律相应出台也是必然趋势。供应链契约保护企业和供应链的安全是有保障的。

互联网在近年的飞速发展使企业认识到它的无限商机。事实上，许多企业都在不同程度上使用互联网。E-mail 是企业间通信的主要工具之一；EDI 也在一定范围得到应用；依托于互联网的 SCCPNet 的实施也只是迟早的问题。SCCPNet 实施的关键是 SCCPNet 支撑软件的开发，显示 SCCPNet 的智能，实现供应链的优越功效。作为广泛关注的供应链管理模式的优化方案，SCCPNet 的优越性不可能被视而不见，因此它的实施是必然的。供应链契约的内容框架如图 5-1 所示。

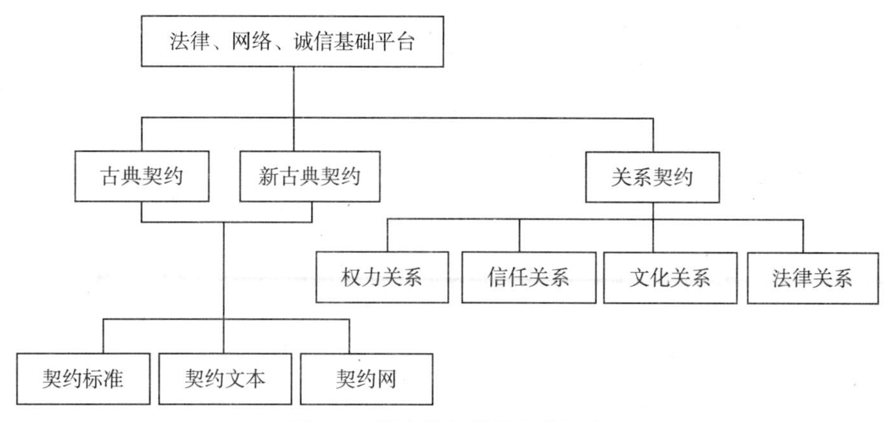

图 5-1 供应链契约的内容框架

5.2 服务型制造网络利益协调模型

5.2.1 服务型制造网络契约协调的方式和原则

实现服务型制造网络合作伙伴协调的方式主要有两种：直接协调和间接协调。直接协调，即某一成员对其控制的某些网络组织变量施加影响，由于这些变量的变化而促使其他成员改变自己的行为，使服务型制造网络朝利益最大化的方向迈进。具体来说，就是通过特定的协调契约来进行，它需要有一整套的协调机制，包括利益协调机制、组织协调机制、流程协调机制等。这就是说，在契约中，除了可能存在直接涉及提前期或者信息沟通及共享要求的条款外，还存在其他的条款，涉及定价、订货数量、分配权等利益决策、组建、流程等内容，从而形成一整套协调制度。例如，卖方向买方以一定价格出售某种产品，买方根据自己的成本结构和需求方式决定对自己最有利的定货批量，并且要求卖方按照该批量进行供货：对卖方而言，它的最佳供货批量与买方要求的供货批量并不一致，于是买方在实现了自身成本最小的情况下增加了卖方的成本，同时也使供应链处于低效率的状态。此时可以采取的措施是卖方通过改变价格政策即给予买方一定的价格折扣，使买方的定货批量向有利于卖方成本减少的方向移动，同时买方也因数量折扣弥补由于定货批量偏离其最佳经济定货批量的损失，使供应链的总成本降低，事实上除了使用价格策略这一手段外，还可以使用诸如对订单容量最小值的限制等方式进行间接协调。但很显然，直接协调并不能解决所有的问题，尤其是当成员无法准确预测自己的行为将会给其他成员和供应链带来什么影响的时候，就需要采用其他的协调方式了。

间接协调，即通过成员之间的权力（Power）和信任（Trust）的力量来实现供应链的“帕累托改进”。权力和信任通常被认为是可以相互替代、相互补充的。权力被定义为“潜在的力量”，即组织所拥有的做成某件事和达到期望的某种目标或结果的能力。权力往往通过公司政治活动得以体现，如结成同盟等。权力的来源包括个性禀赋（Personal Attributes）和职务禀赋（Positional Attributes）。对网络组织而言，个性禀赋是由组织自身的独特魅力所赋予的，包括专家的权力（Expert Power），服务商利用自己对相关领域特有的知识（Know-how）向制造商提供培训、与产品相关的信息，提供解决特定问题的帮助，使自己成为协调各方利益的中心；榜样的权力（Referent Power），服务商（制造商）利用自己拥有的特殊市场地位能为制造商（服务商）提供额外的市场拓展机会，如果电脑制造商在电脑外壳上贴上“Intel Inside”的标签，那么消费者就会对该品牌的电脑有较强的认同感，在质量服务相当的情况下消费者会优先选择有“Intel Inside”标签的电脑，这就是榜样的权力。职务禀赋是指由政府、市场环境、自然条件所赋予的特殊能力，包括奖

惩权（Reward Power），即制造商（服务商）能给予服务商（制造商）某种特殊的服务，从而减少另一方的风险和不确定性；强制权（Coercive Power），一方拥有的强迫、威胁其他成员进行某种活动的权力；法定权（Gitimate Power），指某一成员拥有的市场垄断力量。具体来讲，一个网络成员权力的来源主要体现在这样五方面：一是其他成员对其需求有强烈的依赖性，即它在供给或需求方面具有垄断力；二是对所拥有的财务资源有很强的控制力，具有影响其他成员财务资源的能力；三是在网络组织中处于核心地位，在产品的价值增值过程中发挥着关键性的作用；四是没有替代者；五是有减少网络组织不确定性上的特殊才能。信任被定义为某一成员认为其他成员所做出的承诺是可以被信赖与依靠的一种期望性心理，即一方对另一方的可靠性、正直、诚实有信心。信任具有社会的、心理的、经济的三重属性，信任通过相互沟通和共同的价值观建立起来，从而成为实现供应链协调的另一种手段。权力与信任在网络组织的协调中是相互补充的，在其中起关键作用的是信息，信息的分享程度越高，协调中信任所起的作用就越大。鉴于权力的相对刚性，且与信任的天然联系，契约合作型服务型制造网络管理协调一般应遵循如下原则：

（1）实践。伙伴关系协调团队的宗旨就是在合作伙伴的具体合作实践中发现问题，并在具体实践中解决问题。

（2）及时性。对于具体合作过程中出现的问题，伙伴关系协调团队有处置权，这样可以大大地节省层层决策所需的时间，并且不贻误重要的商业机会。

（3）公正性和无私性。伙伴关系协调团队在解决具体的实践问题时，必须要坚持公正和无私的原则，维护供应链合作伙伴关系的整体利益是解决一切问题的中心原则，合作伙伴必须以伙伴关系的长期事业为考虑问题的出发点。

（4）经常性。伙伴关系协调团队必须经常定期地召开会议，并同时保留对紧急事件的及时、合理处理权利。

（5）互利性。伙伴关系协调团队在坚持解决问题的公正和无私原则的同时，在伙伴的具体合作过程和新增利润的分配上要坚持互利的原则，这样伙伴关系才能长久发展。

5.2.2 服务型制造网络利益协调模型分析

所谓契约合作型服务型制造网络可协调性是指如下两种状态：首先，服务型制造网络通过契约建立的合作伙伴之间的协调必须能够使整体网络组织的运作绩效提高，如反应时间缩短、资源节约等。而且，绩效提高的收益必须大于协调付出的成本。其次，进行协调后必须保证网络成员的绩效能够维持不变或做得更好，这同样要求付出的协调成本低于取得的收益。因为如果在实现整体网络组织的最优后，使个别成员的利益受到损害而不给予相应的补偿，那么该成员就没有动机去参与服务型制造网络的协调活动，协调利益也就无法实现。

在整个网络中的利益相关者的协调过程中存在一种都可以接受的最佳方案，即达到双优。采用这种思想来管理网络组织中的交易各方，在满足一定条件的前提下是可行的。而且，双优的思想不仅在买卖过程中是可行的，它还可以贯穿服务型制造网络管理协作的每个过程。服务型制造网络的利益协调可以从网络的最终提供的成果——产品服务系统的角度来分析。按照产品服务系统生成与消费过程的不同，可以将服务型制造网络利益协调划分成内部协调和外部协调两个部分，如图 5–2 所示。内部协调主要通过建立产品服务链协调制造商和服务商之间的利益关系以寻求最优状态。而外部协调主要关注产品服务形成之后由服务商和制造商构成的供应商与消费者之间的利益关系。

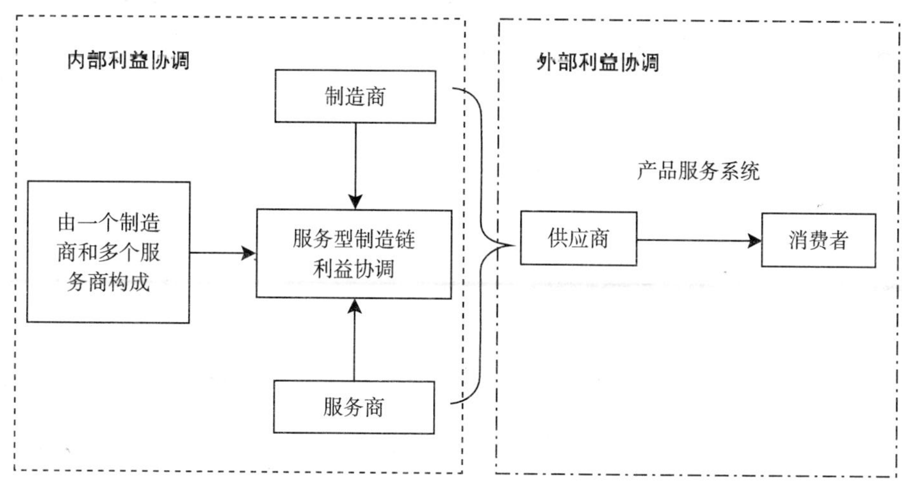

图 5-2 服务型制造网络利益协调模型

5.3 制造商和服务商利益协调契约模型

在服务型制造网络中，既有多个制造商之间的合作，也有多个服务商之间的合作。为了概括简化研究内容，本书主要研究由一个制造商与多个运作成本相当的服务商组成的服务型制造链的运作效益问题。通过研究证明，在一定条件下，相对于未参与服务型制造链的服务商，部分服务商通过合作形成具有订货决策优先权但运作成本不变的联合体，将改善服务型制造链整体的运作效益，使制造商与参与合作的服务商的收益增加，但它将对未参与合作的服务商带来收益减少的外部效应。服务型制造链的形成是以一种动态双赢的演化过程。这种动态双赢的状态比由制造商和服务商形成完全一体化的双赢状态更容易实现，也更具有现实意义。而且这种动态演化过程实际上是由企业间合作和竞争两种力量共同作用所形成的动态平衡过程。

5.3.1 问题的描述和假设

一个制造商和多个服务商组成的服务型制造链中，各服务商需要购买制造商的产品来完善自己的服务，最终通过向市场提供产品服务的整体解决方案来满足用户的需求，如图 5-3 所示。

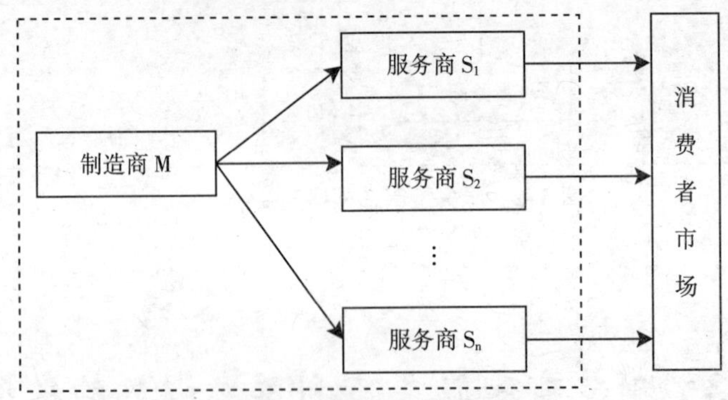

图 5-3 服务型制造网络内部协调模型

制造商采用一部线形契约，即以单位批发价 w 向 n 家服务商供应产品。服务商根据制造商制定的批发价以及用户需求来决定自己的订货量，服务商的订货量为 q_i（$i = 1，\Lambda，n$）。

假设市场需求是确定的，则需求函数为：

$$p = a - bq \quad a,b > 0 \qquad \text{（公式 5-1）}$$

假设服务商有对称的成本结构，而且服务商的运营单位成本为 C_S（$C_S > 0$），制造商的生产成本为 C_M（$C_M > 0$）。制造商与 n 家服务商关于批发价 w 以及订货量 q_i（$i = 1，\Lambda，n$）的决策过程构成了一种动态博弈过程。由于合作定价的方式不同，可以考虑从四种状态下探讨制造商、服务商以及整个网络的运作效益问题。

（1）制造商 M 和服务商 S_i（$i = 1，\Lambda，n$）作为完全一体化状态，记为“I”情形。这时 M 和 S_i（$i = 1，\Lambda，n$）合作定价，作为一个决策主体，决策变量只有 q。

（2）制造商 M 和服务商 S_i（$i = 1, \Lambda, n$）作为 n + 1 个独立的决策主体的情形，记为“E_n”。在 M 决定 w 之后，S_1，Λ，S_n 分别同时决策其订货量 q_1，Λ，q_n，决策变量分别为 w，q_1，Λ，q_n。

（3）服务商横向一体化的情形，记为“H”，这时 n 家服务商 S_1，Λ，S_n 联合作为一个决策主体（记为 S）决定其订货量 q。决策变量为 w，q。

（4）S_{m+1}，Λ，S_n 合作形成一个决策联合体（记为 $\overline{S_{m+1}}$）的情形记为“G_{n-m}”。此时独立决策单位为 M，S_1，Λ，S_m，$\overline{S_{m+1}}$，而且 M 先决策 w。然后，S_1，Λ，S_m，$\overline{S_{m+1}}$ 同时决策其订货量 q_1，q_2，Λ，q_m，$\overline{q_{m+1}}$，其中 $\overline{q_{m+1}}$ 为联合体 $\overline{S_{m+1}}$ 的订货量。

5.3.2 问题的分析过程

为了分析方便，在整个博弈过程，无论是制造商和服务商还是服务商之间的合作都不考虑其合作成本。

（1）状态“I”。在这种完全一体化的状态下，决策主体只有一个。决策者根据市场情况决定产量，即订货量 q，以保证整个服务型制造链收益的最大化。在这种状态下，整条服务型制造链的总收益为：

$$\prod\nolimits_I = (p - C_M - C_S) \times q = (a - C_M - C_S)q - bq^2 \qquad \text{（公式 5-2）}$$

对上式求 q 的一阶偏导，令 $\frac{\partial \prod_I}{\partial q} = 0$，得出：

$$q^* = \frac{1}{2b}(a - C_M - C_S) \qquad \text{（公式 5-3）}$$

整条服务型制造链的总收益：

$$\prod\nolimits_I^* = \frac{1}{4b}(a - C_M - C_S)^2 \qquad \text{（公式 5-4）}$$

订货价格为：

$$p^* = a - bq^* = \frac{1}{2}(a + C_M + C_S) \qquad \text{（公式 5-5）}$$

(2) 状态“E_n”。在这种状态下，制造商 M 决定 w，然后 n 个服务商 S_1，Λ，S_n 分别根据 w 同时决策其订货量 q_1，Λ，q_n。这时服务商 S_1，Λ，S_n 和制造商 M 的收益分别为：

$$\prod_{E,M}=\sum_{i=1}^{n}q_i(w-C_M) \quad (公式 5-6)$$

$$\prod_{E,S_i}=(p-w-C_S)q_i=(a-b\sum_{i=1}^{n}q_i-w-C_S)(i=1, Λ, n) \quad (公式 5-7)$$

完成最终合作，须满足$\prod_{E,M}$、$\prod_{E,S_i}$同时达到最大值。

求$\prod_{E,S_i}$满足最大值，可令$\frac{\partial\prod_{E,S_i}}{\partial qi}=0$，得出：

$$\sum_{i=1}^{n}q_i=\frac{a-w-C_S}{b} \quad (公式 5-8)$$

将上式代入$\sum_{i=1}^{n}q_i$ $(w-C_M)$中，求$\prod_{E,M}$最大值，可令$\frac{\partial\prod_{E,M}}{\partial w}=0$，得出：

$$w_E^*=\frac{a+C_M-C_s}{2} \quad (公式 5-9)$$

$$q_{E,i}^*=\frac{a-w^*-C_s}{(n+1)b}=\frac{1}{2(n+1)b}(a-C_M-C_S)(i=1, Λ, n) \quad (公式 5-10)$$

$$p_E^*=a-\frac{1}{2(n+1)}(a-C_M-C_S) \quad (公式 5-11)$$

因此，S_i、S、M 与服务型制造链的整体收益分别为：

$$\prod_{E,S_i}^*=\frac{1}{4b(n+1)^2}(a-C_M-C_S)^2(i=1, Λ, n) \quad (公式 5-12)$$

$$\prod_{E,S}^*=\frac{n}{4b(n+1)^2}(a-C_M-C_S)^2 \quad (公式 5-13)$$

$$\prod_{E,M}^*=\frac{n}{4b(n+1)}(a-C_M-C_S)^2 \quad (公式 5-14)$$

$$\prod_{E,T}{}^{*}=\frac{n(n+2)}{4b(n+1)^2}(a-C_M-C_S)^2 \qquad \text{（公式 5–15）}$$

（3）状态“H”。在这种状态下，n 个服务商联合形成联盟，决定总的订货量 q，然后再将此订货量平均分配。在这种状态下，服务商形成一个独立的决策主体，其决策变量为 q，而制造商 M 的决策变量为 w。

n 个服务商的总的收益为：

$$\prod_{H,S}=(p-w-C_S)q=(a-w-C_S)q-bq^2 \qquad \text{（公式 5–16）}$$

制造商 M 的总的收益为：

$$\prod_{H,M}=(w-C_M)q \qquad \text{（公式 5–17）}$$

由于“H”是“E_n”状态的特殊形式，即可以看做只存在一个服务商（n = 1），因此，可直接由“E_n”系列公式得出：

$$w_H{}^{*}=\frac{a+C_M-C_S}{2} \qquad \text{（公式 5–18）}$$

$$q_H{}^{*}=\frac{1}{2b}(a-w^{*}-C_S)=\frac{1}{4b}(a-C_M-C_S) \qquad \text{（公式 5–19）}$$

$$q_{H,i}{}^{*}=\frac{1}{n}q_H{}^{*}=\frac{1}{4bn}(a-C_M-C_S)(i=1,\ \Lambda,\ n) \qquad \text{（公式 5–20）}$$

$$p_H{}^{*}=a-\frac{1}{4}(a-C_M-C_S) \qquad \text{（公式 5–21）}$$

$$\prod_{H,S_i}{}^{*}=\frac{n}{16bn}(a-C_M-C_S)^2\ (i=1,\ \Lambda,\ n) \qquad \text{（公式 5–22）}$$

$$\prod_{H,S}{}^{*}=\frac{n}{16b}(a-C_M-C_S)^2 \qquad \text{（公式 5–23）}$$

$$\prod_{H,M}{}^{*}=\frac{1}{8b}(a-C_M-C_S)^2 \qquad \text{（公式 5–24）}$$

$$\prod_{H,T}{}^{*}=\frac{3}{16b}(a-C_M-C_S)^2 \qquad \text{（公式 5–25）}$$

（4）状态“G_{n-m}”。在这种状态下，S_{m+1}，Λ，S_n 共 n – m 家服务商联合成为一个联盟，记为 $\overline{S_{m+1}}$。相当于制造商 M 与 m+1 家服务商（包括 S_1，Λ，S_m 和 $\overline{S_{m+1}}$）进行合作。状态“G_{n-m}”同样是“E_n”

状态的一种特殊形式，即可以看做存在 m+1 个服务商（$n=m+1$），因此，可直接由“E_n”系列公式得出：

$$w_G^* = \frac{a + C_M - C_S}{2} \quad \text{（公式 5–26）}$$

$$q_{G,i}^* = \frac{1}{2b(m+2)}(a - C_M - C_S)(i = 1, \Lambda, m) \quad \text{（公式 5–27）}$$

$$q_{G,i}^* = \frac{1}{2b(m+2)}(a - C_M - C_S)(i = 1, \Lambda, m) \quad \text{（公式 5–28）}$$

$$\prod{}_{G,S_i}^* = \frac{1}{4b(m+2)^2}(a - C_M - C_S)^2 \ (i = 1, \Lambda, m) \quad \text{（公式 5–29）}$$

$$\prod{}_{G,S_{m+1}}^* = \frac{1}{n-m}\frac{1}{4b(m+2)^2}(a - C_M - C_S)^2 \quad \text{（公式 5–30）}$$

$$\prod{}_{G,M}^* = \frac{m+1}{4b(m+2)}(a - C_M - C_S)^2 \quad \text{（公式 5–31）}$$

$$\prod{}_{G,T}^* = \frac{(m+1)(m+3)}{4b(m+2)^2}(a - C_M - C_S)^2 \quad \text{（公式 5–32）}$$

通过四种状态的比较，可以清楚地了解服务型制造链中制造商、服务商以及整体的收益情况，将以上内容汇总如表 5–2 所示。

表 5–2　服务型制造链四种均衡状态比较

均衡状态	决策变量				收益			
	$\frac{w}{p_0}$	$\frac{q_i}{Q_0}$	$\frac{q}{Q_0}$	p	$\prod_T/R$	$\prod_M/R$	$\prod_S/R$	$\prod_{S_i}/R$
I	1		$\frac{1}{2}$	$\frac{C_0}{2}$	$\frac{1}{4}$			
E_n	1	$\frac{1}{2(n+1)}$		$\frac{nC_0+2a}{2(n+1)}$	$\frac{n(n+2)}{4(n+1)^2}$	$\frac{n}{4(n+1)}$	$\frac{n}{4(n+1)^2}$	$\frac{1}{4(n+1)^2}$
H	1		$\frac{1}{4}$	$\frac{C_0+2a}{4}$	$\frac{3}{16}$	$\frac{1}{8}$	$\frac{1}{16}$	$\frac{1}{16n}$
G_{n-m}	1	$\frac{1}{2(m+2)}(i=1,\Lambda,m)$ $\frac{1}{2(n-m)(m+2)}$ $(i=m+1,\Lambda,m)$		$\frac{(m+2)C_0+2a}{2(m+3)}$	$\frac{(m+1)(m+3)}{4(m+2)^2}$	$\frac{m+1}{4(m+2)}$	$\frac{(m+1)}{4(m+2)^2}$	$\frac{1}{4(m+2)^2}$ $(i=1,\Lambda,m)$ $\frac{1}{4(n-m)(m+2)^2}$ $(i=m+1,\Lambda,n)$

注：$Q_0=\frac{1}{b}(a-C_M-C_S)$，$p_0=\frac{a+C_M-C_S}{2}$，$C_0=a+C_M+C_S$，$R=bQ_0^2$。

5.3.3 结果分析

分别从服务型制造链、制造商和服务商三个不同的角度，分析在四种不同的状态下三者的收益情况，可以得到一些结论。

（1）服务型制造链整体收益比较。由表 5-2 可知：

$$\prod_{H,T} < \prod_{G,T} < \prod_{E,T} < \prod_{I,T} \quad \text{（公式 5-33）}$$

因此可以建立四种状态下服务型制造链收益转化关系：

$$H \xleftarrow{-} G \xleftarrow{-} E \xrightarrow{+} I \quad \text{（公式 5-34）}$$

公式中，$\xleftarrow{-}$ 表示服务型制造链整体收益减少，$\xrightarrow{+}$ 表示服务型制造链整体收益增加。

由转化关系可知，“E”状态是整个转化关系中的基点。进一步分析“E”状态下，服务商的数量 n 的变化对服务型制造链的收益的影响。

已知$\prod_{E,T} = \frac{n(n+2)}{4(n+1)^2}R$ 是关于服务商的数量 n 的增函数，而且：

$$\lim_{n\to\infty} \prod_{E,T} = \frac{R}{4} = \prod_{I,T} \quad \text{（公式 5-35）}$$

所以，在“E”状态下，服务型制造链的整体收益随着服务商的数量 n 的增加而增加，且当 n 处于无限大的时候，整体收益与一体化状态“I”的整体收益相当。但是，整个问题的前提假设中没有考虑交易成本。在现实中交易成本的存在使上述情况不可能实现。

（2）服务商收益比较。

第一，在状态“E”下，服务商数量 n 对服务商收益的影响。服务商的收益$\prod_{E,S_i} = \frac{n}{4(n+1)^2}R$ 是关于服务商数量 n 的键函数。所以，服务商数量增加会使每个服务商的收益减少。而且$\lim_{n\to\infty} \prod_{E,S} =$

0，即当服务商数量 n 处于无限大时，单个服务商的收益趋于 0。

已知$\prod_{H,S_i} < \prod_{E,S_i}(n > 1)$ （公式 5-36）

所以，服务商有从均衡竞争状态“E”向服务商一体化状态“H”转化的动力。

第二，“E→G”状态转化对服务商收益的影响。可知，当 n-m≥2 时：

$$\prod_{G,S_i} - \prod_{E,S_i} = \frac{R}{4(m+2)^2} - \frac{R}{4(n+1)^2} > 0 \quad (i = 1,\ \Lambda,\ m)$$

（公式 5-37）

针对未参与联盟的服务商，“E→G”状态转化并未使其收益增加。

同时，针对参与联盟的服务商只 i 有在（n≤5 或者 n=6，m>1）时，才能实现：

$\prod_{G,S_i} < \prod_{E,S_i}(i = m + 1,\ \Lambda,\ n)$ （公式 5-38）

即使参与的联盟的服务商收益增加。

所以，当服务商数量不是很大的时候，而且服务商联盟没有获得向制造商订货的优先权的时候，服务商没有实施“E→G”状态转化的激励，也就是服务商没有参与联盟进行合作决策的积极性。

（3）制造商收益比较。

第一，在状态“E”下，服务商数量 n 增加对制造商收益的影响。制造商的收益$\prod_{E,M} = \frac{n}{4(n+1)}R$ 是关于服务商数量 n 的增函数，可知：

$\lim\limits_{n\to\infty} \prod_{E,M} = \frac{R}{4} = \prod_{I,T}$ （公式 5-39）

所以，在状态“E”下，制造商收益随着服务商数量 n 的增加而增加。而且当 n 处于无限大的时候，制造商的收益为$\frac{R}{4}$，即相当于整个服务型制造链的收益。从另外一个角度说，在这种状态下

制造商获取了整个服务型制造链的收益。

第二，“E→H”状态转化对制造商收益的影响。已知“E→H”状态转化中制造商的收益在$\prod_M$减少，且：

$$\prod\nolimits_{E,M}-\prod\nolimits_{H,M}=\frac{1}{8}(1-\frac{2}{n+2})R \tag{公式 5-40}$$

$$\lim_{n\to\infty}\frac{1}{8}(1-\frac{2}{n+2})R=\frac{1}{8}R \tag{公式 5-41}$$

所以，无论服务数量 n 为多大，在“E→H”状态转化中，制造商的收益是减少的，而且随着 n 越大，制造商的收益减少得越多。

因此，在不打破均衡环境下，制造商有着鼓励服务商之间的竞争同时反对服务商结成联盟的积极性。

第三，“E→G”状态转化对制造商收益的影响。已知：

$$\prod\nolimits_{G,M}<\prod\nolimits_{E,M} \tag{公式 5-42}$$

即在“E→G”状态转换下制造商的收益在减少，这种转化对制造商产生了不利的影响。也就是说，当部分服务商结成联盟，但不具有订货决策的优先权，那么这种服务商的联合行为将会损害制造商的利益。同时，“E→G”状态转换下不但对整个服务型制造链的收益带来了损失，而且对参与联盟的服务商的收益也带来损失。

所以，由于制造商、参与联盟的服务商以及整个服务型制造链的利益出现损失，一般情况下“E→G”状态难以转化。但是，在这个转换中唯一能够获利的是那些未参与联盟的服务商，他们对这种状态转化有积极性。

（4）结果讨论。通过简化服务型制造网络的内容，本书提取一家制造商和多家服务商的服务型制造链进行研究，讨论制造商和服务商的利益协调问题。通过分析发现，制造商有增加服务商数量的激励，而且服务商数量越多，不仅制造商还有整个服务型制造链的整体收益也在增加。具体表现在“$H\xrightarrow{+}G\xrightarrow{+}E$”，服务商的数量由 1→m+1→n 的变化，使整个服务型制造链的收益逐步增加。但是仅仅靠服务商市场的完全竞争仍然难以达到整个服务型制造链的最优，只有通过服务商和制造商的融合（一体化行为）才能达到最优的状态（“I”状态）。所以在不考虑一体化因建立信息网络等可能增加的成本，服务和制造的融合可以使整个服务型制造链达到最优状态。

5.4 供应商和消费者利益协调契约模型

服务型制造是指用来满足消费者需求的一套产品及服务的组合，企业以提供效用的方式来取代有形的产品，供应商的目标并不是在销售产品本身，而是在提供更好的绩效或解决方案，来满足消费者的需求。所以在简化的服务型制造网络中，制造商和服务商所构成的供应商总体负责产品的制造以及相关服务环节，面对消费者市场为消费者提供产品服务的整体解决方案，如图 5–4 所示。

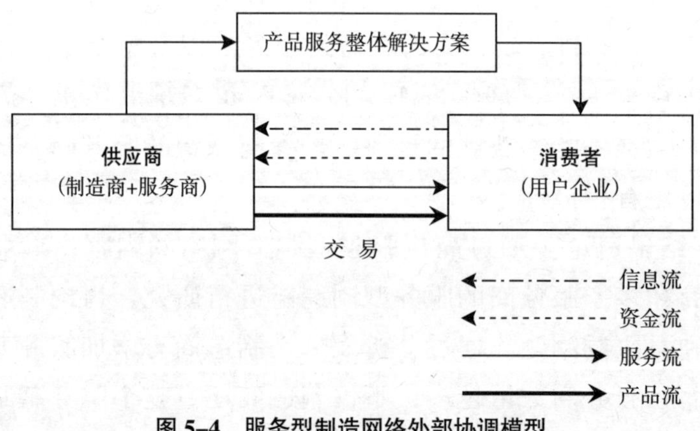

图 5–4 服务型制造网络外部协调模型

5.4.1 问题的描述和假设

节约共享契约就是供应商和消费者共同分享成本节约而带来的新的收益。在双方互相不了解对方的能力信息和合作风险的情况下，通过收益共享模式分担合作风险，为服务型制造网络的实施降低门槛。同时，服务型制造网络的实施需要有相应的经济契约结构支持。服务型制造网络利益共享契约是由供应商与消费者在服务初期签订一个较低的产品服务供给价格，期末时供应商从消费者那里获得另外一部分收入的协议。同时还要考虑现实经济情况、供应商的努力水平对消费者减少开支以及社会节约资源目标实现的影响。在现实中，供应商的努力水平是影响最终服务型制造网络收益的重要因素。供应商的努力活动包括调整产品设计、减少原材料使用、减少能源使用、雇用更多的服务人员、改进售后服务等。所有这些努力活动都是需要成本的，所以供应商和消费者之间存在着利益矛盾。无论供应商努力水平达到什么程度，消费者希望他能更加努力。

假定在服务型制造网络中只存在供应商和消费者企业两个利益主体，并且两者的关系为 LF 博弈，即消费者是领导者，供应商是追随者。消费者企业给定一套契约参数，供应商据此确定他的消耗产品的节约量。同时，认为信息是不完全对称的，并假设供应商和消费者是风险中性和完全理性的，即两者将根据期望收益最大化的原则来进行决策。本章使用的符号说明如下：

r 为供应商通过消耗单位产品所能为消费者带来的收益；w 为消费者在期初交付供应商的单位产品价格；c_1 为供应商消耗产品的单位成本；c_2 为供应商节约单位产品所需的间接费用；Q 为消耗产品的储备量；e 为供应商的努力水平；$g(e)$ 为供应商在努力水平为 e 时的节约收益，假设 $g(0)=0$，$g'(e)>0$ 和 $g''(e)<0$；x 为产品

的随机节约；$f(x|e)$ 为在努力水平 e 下的节约概率密度函数；$F(x|e)$ 为在努力水平 e 下的节约程度分布函数，由于节约程度是努力水平的增函数，可知$\frac{\partial F(x|e)}{\partial e}<0$。

设 $U(Q,e)$ 表示给定消耗产品储备量和努力水平下的期望产品消耗量，其含义是 $U(Q,e)=E\min(Q,e)$，利用数理统计知识可以推导出如下关系：

$$U(Q,e)=\int_0^{\infty}(Q\wedge x)f(x|e)dx=Q-\int_0^{Q}F(x|e)dx \qquad \text{（公式 5-43）}$$

则$\frac{\partial U(Q,e)}{\partial e}>0$。其中，∧表示两个数中取小。

5.4.2 契约模型建立与分析

（1）服务型制造网络收益模型。节约共享契约就是要以系统整合为最优目标，实现服务型制造网络整体收益最大化及成本最小化。为此，首先研究整合系统模型。服务型制造网络期望整体收益为

$$\prod\nolimits_T(Q,e)=rQ-c_1U(Q,e)-c_2[Q-U(Q,e)]+g(e) \qquad \text{（公式 5-44）}$$

令 e^* 为在给定平均消耗量下的最优努力水平，e^* 则必须满足下列条件：

$$\frac{\partial\prod_T(Q,e^*)}{\partial e}=(c_2-c_1)\frac{\partial U(Q,e^*)}{\partial e}+g'(e^*)=0 \qquad \text{（公式 5-45）}$$

令 Q^* 为在给定努力水平下的最优产品储备量，则 Q^* 必须满足下列条件：

$$\frac{\partial\prod_T(Q^*,e)}{\partial Q}=(c_2-c_1)\frac{\partial U(Q^*,e)}{\partial Q}-(c_2-r)=0 \qquad \text{（公式 5-46）}$$

按照供应链理论的要求，公式 5–45 和公式 5–46 是服务型制造网络实现资源节约共享的必要条件。

（2）服务型制造网络节约共享契约模型。在资源节约共享模式下，消费者企业首先提供给供应商一个较低的服务价格，这个服务价格很有可能较低，但在服务结束后，供应商将获得消费者企业的一部分成本补贴，用来弥补期初的收益损失。假设供应商将支付（1–ϕ）个份额系统成本，则消费者企业将支出 ϕ 个份额的系统成本补贴。此时，供应商的收益函数为：

$$\prod_S(Q,\ e,\ w,\ \phi)=wQ-(1-\phi)c_1U(Q,\ e)-(1-\phi)c_2[Q-U(Q,\ e)]+g(e) \quad \text{（公式 5–47）}$$

为实现协作，最优努力水平必须满足下列条件：

$$\frac{\partial\prod_S(Q,e^*,w,\phi)}{\partial e}=(1-\phi)(c_2-c_1)\frac{\partial U(Q,e^*)}{\partial e}+g'(e^*)=0 \quad \text{（公式 5–48）}$$

比较公式 5–47 和公式 5–44 可以发现，只有当 ϕ = 0 时，公式 5–47 才能成立。由此可见，当资源节约与努力水平具有相关性时，在服务型制造网络中仅仅通过成本共享仍然无法实现系统收益最优化的目标。

（3）基于回馈与惩罚策略的服务型制造网络契约模型。为解决上述问题，本书提出了基于回馈与惩罚策略的资源节约共享契约模型。通过在节约共享契约中引入回馈与惩罚策略，能够很好地解决供应商对努力水平不确定的问题。所谓回馈与惩罚策略，就是消费者企业向供应商提供一个资源耗用目标，如果供应商更加节约地完成任务，给予资源节约部分以奖励；否则，将对资源耗用超出的部分进行惩罚。假设消费者企业提供的产品消耗量目标为 T，在服务期结束后，对于低于 T 的部分，消费者企业给予供应商每件产品的回馈为 τ；对于超出预定目标的部分，消费者企业对供应商每件产品的惩罚也为 τ。则在利益共享契约中引入回馈与惩罚策略时，供应商的收益函数可表达为：

$$\prod_S(Q,e,w,\phi,\tau)=wQ-(1-\phi)c_1U(Q,\ e)-(1-\phi)c_2[Q-U(Q,\ e)]+g(e)+\tau[T-U(Q,\ e)]$$ （公式 5–49）

根据供应链协作的要求，最优努力水平 e^* 必须满足下列条件：

$$\frac{\partial\prod_S(Q,e^*,w,\phi,\tau)}{\partial e}=[(1-\phi)(c_2-c_1)-\tau]\frac{\partial U(Q,\ e^*)}{\partial e}+g'(e^*)$$

$$=\frac{\partial\prod_T(Q,e^*)}{\partial e}=0$$ （公式 5–50）

比较公式 5–49 和公式 5–44 可知，欲使上式成立，则：

$$\tau=-\phi(c_2-c_1)=\phi(c_1-c_2)$$ （公式 5–51）

把公式 5–51 代入公式 5–49 可得：

$$\prod_S(Q,e,w,\ \phi)=(c_2-c_1)U(Q,\ e)+[w-(1-\phi)c_2]Q+\phi(c_1-c_2)T+g(e)$$ （公式 5–52）

为了实现系统最优，可知节约共享契约模式下供应商的最优产品储备量须满足下式：

$$\frac{\partial\prod_S(Q^*,e,w,\phi)}{\partial Q}=(c_2-c_1)\frac{\partial U(Q^*,e)}{\partial Q}+[w-(1-\phi)c_2]$$

$$=\frac{\partial\prod_T(Q^*,e)}{\partial Q}=0$$ （公式 5–53）

比较公式 5–53 和公式 5–46 可知，欲使上式成立，则：

$$w=r-\phi c_2$$ （公式 5–54）

综上可知，在资源节约与努力水平具有相关性的前提下，通过加入回馈与惩罚策略，利益共享契约可以实现整个系统的协作，且契约参数满足下列条件：

$$\begin{cases}\tau=\phi(c_1-c_2)\\ w=r-\phi c_2\end{cases}$$ （公式 5–55）

则此时供应商的收益为：

$$\prod_S(Q,e,\phi)=(c_2-c_1)U(Q,\ e)+(r-c_2)Q+\phi(c_2-c_1)T+g(e)=\prod_T(Q,e)-\phi(c_1-c_2)T$$ （公式 5–56）

消费者企业的收益为：

$$\prod_C(Q,e,\phi)=\prod_T(Q,e)-\prod_R(Q,e,\phi)=\phi(c_1-c_2)T$$

（公式 5–57）

由此可见，消费者企业的收益是确定的，可通过调整 ϕ 的大小来确定供应商在整个系统供应链收益中所占的份额，此时供应商承担全部的风险。

（4）基于回馈与惩罚策略的服务型制造网络契约模型优化。通过在资源节约共享契约中引入回馈与惩罚策略，可以实现系统的优化和协作，并确保供应商的消耗产品储备量和努力水平与系统整合模式相一致。此时，模型的优化问题变为寻求最优的 Q^* 和 e^*，使公式 5–44 的值最大。在供应链利益共享契约模型优化研究的基础上，本书提出了资源节约共享契约模型优化方法。

假设资源节约程度满足 $x=z(e)\cdot\xi$ 的乘法形式，其中，$z(e)$ 连续、非负且二级可微。根据实际情况，易知 $z(e)$ 为努力水平的增函数，且为凸函数，即 $z'(e)>0$，$z''(e)\geq 0$。ξ 为独立于 e 的随机变量，并用 $f(\xi)$ 表示 ξ 的概率密度函数，$F(\xi)$ 表示 ξ 的分布函数。此时，节约 x 的概率密度函数和分布函数分别为 $f(x|e)=\frac{1}{z(e)}f\left(\frac{x}{z(e)}\right)$ 和 $F(x|e)=F\left(\frac{x}{z(e)}\right)$，则 $U(Q,e)=Q-\int_0^Q F\left(\frac{x}{z(e)}\right)dx$，代入公式 5–44 得：

$$\prod_T=(Q,e)=(r-c_1)Q+(c_2-c_1)\int_0^Q F\left(\frac{x}{z(e)}\right)dx+g(e)$$

（公式 5–58）

从公式 5-58 可知，对于给定的 e，$\prod_T(Q, e)$相对于 Q 为凹函数，则最优解 Q^* 满足：

$$\frac{\partial \prod_T(Q^*, e)}{\partial Q} = r - c_1 + (c_2 - c_1)F\left(\frac{Q^*}{z(e)}\right) = 0 \qquad \text{（公式 5-59）}$$

由此，可求得：

$$Q^* = Q(e) = z(e)F^{-1}\left(\frac{r - c_1}{c_1 - c_2}\right) \qquad \text{（公式 5-60）}$$

把公式 5-60 和 $\xi = \frac{x}{z(e)}$ 代入公式 5-58，整理可得：

$$\prod_T(Q(e), e) = (c_2 - c_1)z(e)\int_0^{F^{-1}\left(\frac{r-c_1}{c_1-c_2}\right)} \xi f(\xi)d\xi + g(e) \qquad \text{（公式 5-61）}$$

此时，$\prod_T(Q(e), e)$ 只有一个决策变量 e，优化问题变为寻求最优的努力水平 e^*，使$\prod_T(Q(e), e)$ 的值最大。

求$\prod_T(Q(e), e)$ 对 e 的一阶导数和二阶导数，可得：

$$\frac{\partial \prod_T(Q(e), e)}{\partial e} = (c_2 - c_1)z'(e)\int_0^{F^{-1}\left(\frac{r-c_1}{c_1-c_2}\right)} \xi f(\xi)d\xi + g'(e)$$

（公式 5-62）

$$\frac{\partial^2 \prod_T(Q(e), e)}{\partial e^2} = (c_2 - c_1)z''(e)\int_0^{F^{-1}\left(\frac{r-c_1}{c_1-c_2}\right)} \xi f(\xi)d\xi + g''(e)$$

（公式 5-63）

由于 $z''(e) \geqslant 0$，$g''(e) < 0$，从公式 5-63 可知，$\frac{\partial^2 \prod_T(Q(e), e)}{\partial e^2} < 0$，$\prod_T(Q(e), e)$ 是 e 的凸函数，即存在最优的 e^* 使$\prod_T(Q(e), e)$

的值最大，且最优解 e^* 满足：

$$(c_2 - c_1)z'(e^*)\int_0^{F^{-1}\left(\frac{r-c_1}{c_1-c_2}\right)}\xi f(\xi)d\xi + g'(e^*) = 0 \qquad \text{(公式 5-64)}$$

5.4.3 结果分析

为了便于分析对公式进行简化，即假设 $x = e \cdot \xi$，$g(e) = ae^2/2$。并根据产品情况已知 $r = 5$，$c_2 = 1$，$c_1 = 15$，$\phi = 25\%$，$a = 100$，$T = 70$。设 ξ 满足［0，100］上的一致性分布。可得，资源共享契约系统收益 $\prod_T^{\#}(Q^{\#}, e^{\#}) = 597.9$；基于回馈与惩罚策略的资源共享契约收益 $\prod_T^{*}(Q^{*}, e^{*}) = 637.8$。

由此可知，采用基于回馈与惩罚策略的资源共享契约模式，刺激了供应商的节约热情，提高了供应商的努力水平。由此可知，在考虑节约成效与努力水平具有相关性的前提下，在服务型制造网络外部协调中采用基于回馈与惩罚策略的节约共享契约时，可以实现系统整体收益最大化。

5.5 本章小结

本章在分析供应链契约和网络协调相关原理的基础上，提出了服务型制造网络利益协调模型。并从产品服务系统的形成和消费过程，将服务型制造网络利益协调划分为内部协调和外部协调。内部协调主要分析在四种不同状态下服务商和制造商的利益协调关系，最终得出，只有通过服务商和制造商的融合才能达到最优的状态，而外部协调是研究供应商与消费者之间的利益协调机制。在考虑节约成效与努力水平具有相关性的前提下，在服务型制造网络外部协调中采用基于回馈与惩罚策略的节约共享契约时，可以实现系统整体收益最大化。

6 服务型制造网络的组织协调机制研究

服务型制造是一种新型的组织资源重组模式，与传统的制造模式相比，它在组织理论与组织协调机制的方面有着自己的独特性。服务型制造网络的组织协调涉及网络组织的组建、运行、维护的动态决策机制，其背后是资源优势分享的评价机制；核心企业与加盟企业的作用评价与识别；组织关系的动态博弈等。目前，专门研究网络组织协调机制的文献非常少。冯卫民和曾德明定性研究了动态联盟的风险控制问题；[142] 马士华讨论供应链中核心企业对供应链的影响；[143] 尚玉钢从信息流角度讨论组织和谐问题；[144] 陈剑等讨论了多智能自主体企业供应链的构建问题；[145] 顾基发等人讨论了供应链的组织结构；[146] Stuart 讨论了影响供应链伙伴关系的因素；[147] Waltonc 则设计了合作伙伴的满意度评价。[148] 本章对服务型制造网络组织结构、组织形式等组织关系内容进行分析；并对核心企业与加盟企业在服务型制造网络中的角色与作用进行分析；应用可拓识别方法建立服务型制造网络核心企业的识别过程；最后利用罗杰斯特模型提出服务型制造组织各主体的满足生态效率增长的协调机制。

6.1 服务型制造网络的组织关系

6.1.1 服务型制造网络的组织结构

因为服务型制造网络是多个企业动态组成的功能网链，所以服务型网络的组织结构也是一种网络形式，其中包括技术网络、信息网络、物流网络、资金流网络和服务网络。由于系统结构决定系统功能，所以由这些不同的网络联结成的服务型制造网络组织结构在很大程度上也决定了该网络的运行模式。

（1）技术网络。服务型制造网络的各个核心伙伴的核心能力或由此产生的可以共享的知识，以及不可能实现共享的核心技术构成了技术网络。技术网络是一种外部资源整合手段，同时也是服务型制造网络的基础平台。通过这种技术网络，服务型制造网络才可以弥补单个企业技术力量的不足，从而为企业间能力的互补和合作奠定良好的基础。

（2）信息网络。网络、通信技术的迅速发展，为服务型制造网络提供了实现对市场需求及时响应的组织平台。信息网络使不同地理分布区域的企业间快速、低成本的合作和协调成为可能。通过信息网络，企业的核心能力得到有效的利用，从而可以联合构成跨地域的“核心能力”网络。

（3）资金流网络。由大量的信息和物质流动而产生大量资金的流动，也出现在服务制造网络的各个伙伴的合作中。由于服务制造网络的情况比较复杂，如合作伙伴众多，合作伙伴的对象和数量在不同的时期的变化，网络信息的变化造成的资金的流向和数额变化

等，所以大量资金的流动构成了一个复杂的资金流网络。银行及其网络具有独立于服务型制造网络之外的优势，其可以以其独立的资金流网络地位，为服务型制造网络提供资金转账服务。

（4）物流网络。服务制造网络中，大量的信息协调工作（信息网络）和大量的物流在各个伙伴合作的过程中产生。因此，在服务型制造网络中，物流网络的重要性也是不容忽视的。需要根据服务制造网络的具体情况，选择一个专业的物流公司负责物流网络的建立和运行，同时，这个物流公司也就成了虚拟公司的核心企业之一。

（5）服务网络。服务制造网络中各个伙伴在合作过程中，大量的信息和物质流动的存在，也促进了大量服务的流动的产生。服务型制造网络是基于市场需求建立的动态企业联盟，它的各个伙伴都需要尽可能地满足顾客需求。在实际工作中由于合作伙伴众多，而且服务型制造网络中合作伙伴的地位和作用不同，由此构成了层次化的“服务网络”。

以上五种网络相互支持，共同构成服务型制造网路的运行组织结构，如图 6–1 所示（箭头表示支撑关系）。

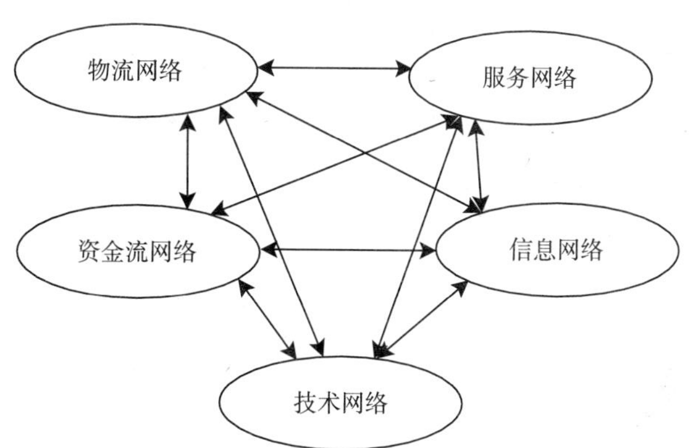

图 6–1　服务型制造网络的组织结构

其中，技术网络是核心，服务型制造网络的运行是在其的支持下进行的，同时，其也是信息网络、物流网络及服务网络建立的前提。信息网络是平台和基础，是技术网络、物流网络、资金流网络及服务网络正常运行的保证。通过信息网络，技术网络才能及时实现合作伙伴之间的沟通、协调和信息共享，物流、资金流网络也才能实现快速、有序的流动，而资金流网络又为物流网络、服务网络、技术网络的正常运行提供了有力保证。

6.1.2 服务型制造网络组织形式

（1）星型组织模式（Star-like Mode）。星型模式是有核心企业的服务型制造网络形式。这种模式的供应链一般采用以契约为组带，由占主导地位的核心企业和其他一些相对固定的伙伴相联系而构成。核心企业的作用主要是制定整个网络的运行规则，协调各个伙伴之间的关系，出现冲突时做出合理仲裁，如图 6-2 所示。其中核心企业的角色由掌握关键技术或资产的企业（大型制造商或服务商）充当，如耐克（Nike）模式。耐克公司是较早地采用虚拟生产方式的企业之一，它仅保留了一家专门生产运动鞋关键组件的小工厂，将其他生产任务委托出去，给生产成本较低的国家或地区的厂商完成。这样，耐克公司就可以在运动鞋的设计、更新、开发、销售和品牌经营上投入更多的力量，能很好地控制供应链中高附加值的环节，而“虚拟”低附加值的环节。

（2）联邦组织模式（Federation Mode）。整个网络的相互合作对所有的参与者都是平等的。合作的过程中，参与者既可以保持自身的独立性，又可以为网络组织贡献自己“核心能力”。在网络内部建立协调机构，即一个共同的、类似协调委员会的（Alliance Steering Committee，简称 ASC），以便统一的计算和管理整个网络的资源和技术力量。联邦模式服务型制造网络的组织机构一般分为

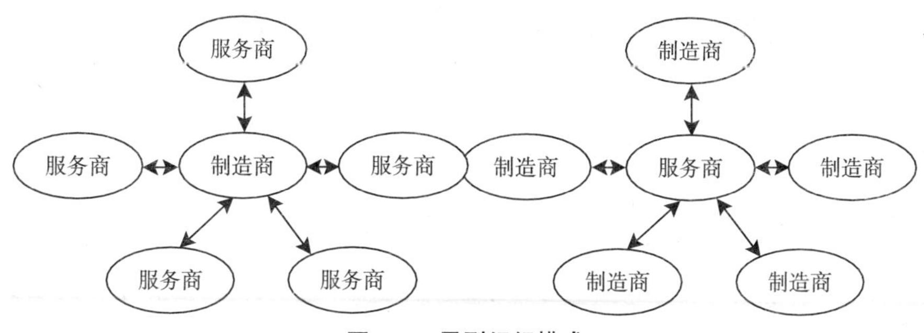

图 6-2 星型组织模式

核心层和松散层两层。核心层的主要特点是各合作伙伴结合比较紧密，具有主要的核心能力，合作关系也比较长久；松散层则不然，其合作伙伴可在一定情况下发生变化，如核心伙伴能力不足，难以完成某一项目，这样网络组织就会在不同的阶段以契约形式吸收不同的伙伴，来实现组织目标，完成任务。

如图 6-3 所示，这种模式组织是一种比较理想的服务型制造网络，有形式灵活、利于不同伙伴之间的指挥和协调的优点。电信领域，有 EDS、Sprint 和 Sun Microsystems 公司共同为 2002 年世界杯的安全、新闻、管理和公共信息服务的案例；航空服务领域，美国

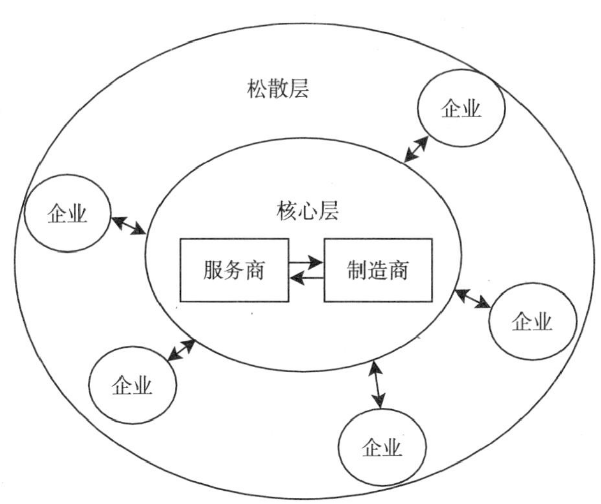

图 6-3 联邦组织模式

航空公司、西北航空公司、大不列颠航空公司和荷兰皇家航空公司组成的契约联盟已经开始正式运行，在代码共享和“一站式”售票方面进行了良好的合作。

6.1.3 服务型制造网络组织协调模型

在服务型制造网络中，制造企业与服务企业之间通过资源（原料、信息、资金、人才）综合利用，形成紧密的合作关系，企业之间的关系非常平等，彼此相互获利但不存在依附关系，各个企业处于对等的地位，依靠市场调节机制来实现价值链的增值，当合作不再为双方企业带来合作利益时，就终止合作关系，重新寻求新的合作机会，这是一种相对松散的网络方式。

根据服务型制造网络的构成特点，定性分析制造商和服务商协调机制，如图 6-4 所示。制造商所提供商品的数量、价格（或者说服务商愿意接受的产品数量和价格）直接影响到服务商的利润。因此，制造商和服务商的合作关系应着眼于以下几个方面：①服务商让制造商了解企业的营销能力，以便制造商能够清楚地知道企业需要的产品；②制造商向服务商提供自己的经营计划、经营策略及其相应的措施，使服务商明确企业的希望，以使自己能随时达到企业要求的目标；③要明确双方的责任，明确双方的共同利益所在，在各自向对方负责的基础之上，团结一致，达到双赢的目的。

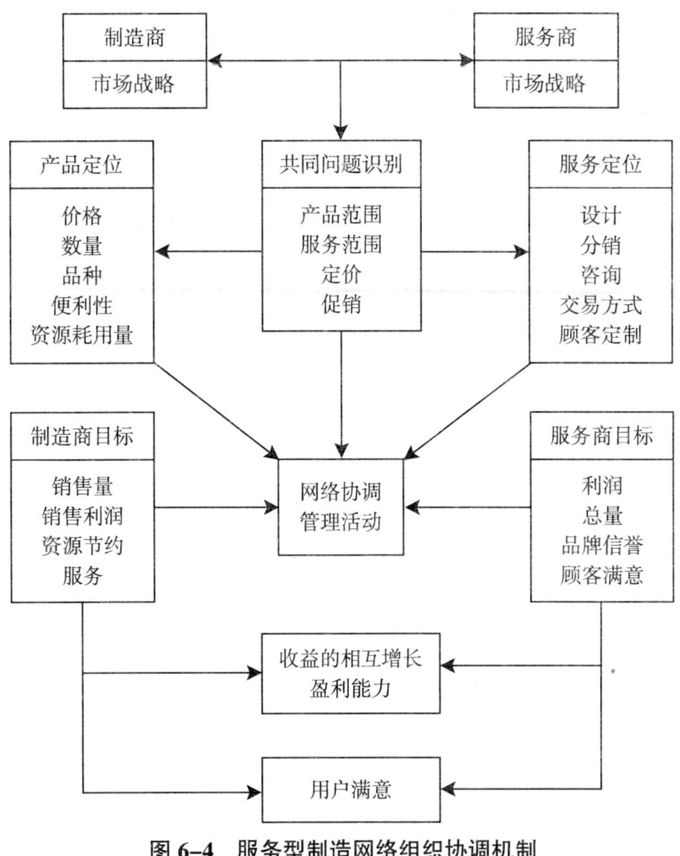

图 6-4 服务型制造网络组织协调机制

6.2 服务型制造网络中的核心企业和加盟企业

服务型制造网络从主次角度来看可以单纯地划分为核心企业和加盟企业。两个主体虽然在网络组织中所处的位置以及所发挥的作用不同，但是都是网络组织不可或缺的组成部分，对于整个网络组织功能的实现发挥着重要的作用。

6.2.1 服务型制造网络中的核心企业

（1）核心企业在服务型制造网络中的核心地位。服务型制造网络的结构就是一个网链，一般是由一个主导企业吸引其他企业构成。在这个网链中，主导企业（可以是制造商、服务商企业）为企业群体的“原子核”（核心企业），而其他企业则是核心企业的“卫星”企业，如图 6–5 所示。服务型制造网络上的结点企业没有行政上的隶属关系，都具有独立法人地位。服务型制造网络管理体系的构成是众多企业的联合，这种联合建立在某种共同利益所产生的凝聚力基础之上，同靠政府部门用行政手段的“拉郎配”是根本不同的。实践证明，服务型制造网络上核心企业的影响力在很大程度上决定了网络运作的好坏以及整个网络竞争力的大小。

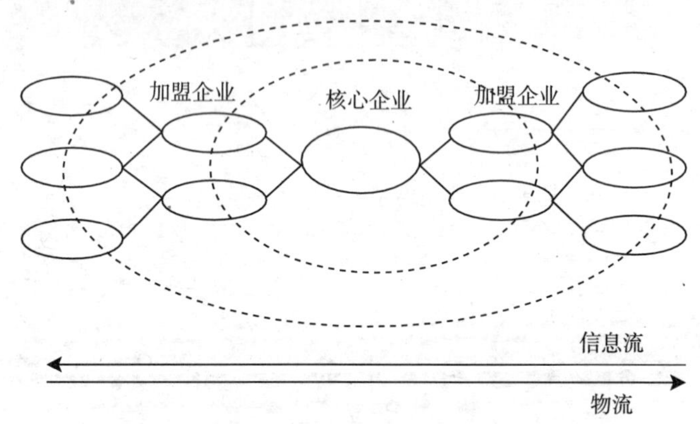

图 6–5 核心企业在服务型制造网络中的位置

下面从两个方面来说明核心企业在整个服务型制造网络运作中的重要地位。

第一，核心企业是整个网络组织的信息中心。核心企业将不同层次和不同渠道传递（如某种产品的制造商）过来的下游的（如最终用户）需求信息进行分析处理，然后将分解后的需求信息（如对

某种配套件的需要量和需要日期）发送给其他的合作供应商。一批订单完成后，再依相反的方向将信息反馈，从上游企业（原材料供应商）到中游的核心企业，再反馈给下游企业（最终产品零售商）。在这里，核心企业在服务型制造网络中起到了信息交换的作用，接收供、需信息并处理，然后将生成的各类信息传送到网络的各个结点。由于网络链上的信息交换质量很大程度上决定了服务型制造网络的运作效果，因此，必须提高服务型制造网络上的信息传递质量，才能达到信息共享、物流顺畅、产品增值的目的。在这方面，核心企业的作用至关重要。

第二，核心企业是整个网络组织的物流交换的“控制及调度中心”。产品制造的过程由供应商、制造商、销售商、最终用户构成。首先供应商提供原材料和配套件，然后这类物流由众多供应商通过不同渠道流向制造商。制造商通过将各种原物料的加工制造过程形成最终产品，然后通过服务商的各种功能服务活动之后，最后到达最终用户。在整个过程中形成了以核心企业为主来组织实施物流活动。在这里，核心企业扮演了“调度”者的角色，它对物流集散、配送进行协调。适时发出物料需求指令给供应商又适时发出供货指令给服务商。这样可以使网络组织的结点企业能够在合适的时间得到合适的产品和服务，将缺货和库存数量降到最低，从而使服务型制造网络的总成本减至最低程度。因此，核心企业对物料流的“调度”水平能从很大程度上影响服务型制造网络上产品服务的增值空间。

从以上分析就可看出，服务型制造网络上的核心企业在信息流和物料流等方面的主导作用，无论是对企业本身，还是整个服务型制造网络，影响都是巨大的。因此，无论是在服务型制造网络运作过程中，还是对服务型制造网络企业形成长期战略发展，核心企业的角色都是十分重要的。

（2）核心企业对服务型制造网络形成的影响因素。服务型制造网络组织形成与集团企业的组织形成有所不同。集团企业是一种层级制的组织结构形式，其建立可以通过行政命令的方式来实现。而服务型制造网络则表现为一种战略伙伴关系，是企业之间在合作中经过磨合形成的。本节主要讨论核心企业对形成服务型制造网络的影响，共总结出核心企业对形成服务型制造网络产生影响的六大因素，如图 6–6 所示。

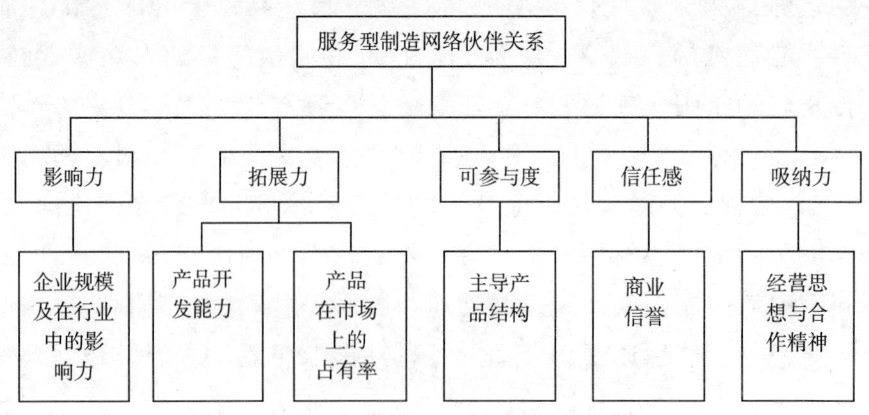

图 6–6　核心企业对服务型制造网络形成的影响因素

第一，核心企业的规模及其在行业中的影响力。服务型制造网络有时被认为是一种联盟，有一个处于核心地位的企业。核心企业本身应具有一种力量，可以吸引其他企业加盟。使其他企业认为加入这个服务型制造网络是有利可图的，这样才能使服务型制造网络得以延伸和发展。所以，核心企业所具有的影响其他企业的能力就是其第一个也是最重要的一个影响因素。根据自身的情况，服务型制造网络中的其他企业会对加入服务型制造网络的可否获益产生自己的判断。有利于企业自身的发展，企业就愿意加入；反之就不愿意加入，而将自己的资源投向其他更能获利的服务型制造网络中。日本的丰田、索尼，美国的惠普、IBM、DELL 等国际上实施服务型制造网络卓有成效的一些企业的服务型制造网络管理的实施很大程度上就是借助于其在行业中的巨大影响来进行的。

第二，核心企业的产品开发能力。现代市场的竞争日趋激烈，由此而导致的产品寿命周期也越来越短。今天热销的产品，明大也许就被命运抛弃。为了适应这种竞争的要求，企业不得不经常以推出新产品的方法为企业创造新的增长点。在服务型制造网络管理条件下，各个合作伙伴紧密联系，而其中核心企业的作用尤为重要。核心企业产品的开发能力直接关系到整个服务型制造网络的命运。产品开发能力强的核心企业，能够不断推出新品种，能够不断引导用户产生新的消费增长点，始终有一种在市场中不断延续发展的能力，不会因某一种产品被市场淘汰而导致全线崩溃。提供原材料和相关服务的企业自然愿意聚集在这样的核心企业周围，从而形成一种长期稳定的合作关系。如果企业的产品开发和导向能力弱，不能在市场竞争中保持一种长期的良好的发展势头，就会使其他企业丧失信心，无法建立稳定的合作关系，服务型制造网络结点上的企业也就不愿投入必要的资金和服务，不利于服务型制造网络的发展。

第三，核心企业的产品在市场上的占有率。服务型制造网络中，核心企业对网络中其他企业影响力的大小可以通过核心企业的产品在市场上占有率的高低来反映。企业产品的市场占有率高，意味着该企业拥有的市场份额高。高市场份额意味着产品的生产过程的稳定性和获利可能性，这样就会给企业带来竞争优势。所以，无论对其他原材料供应商企业或服务商企业，产品市场占有率的吸引力都是巨大的。市场占有率高的企业都是配套件供应商企业寻找合作伙伴的首选。一方面，这样的企业实力雄厚，容易在市场竞争中占据主动地位，可以在一定程度上影响消费者的市场行为；另一方面，由于其市场份额大，供应商往往可以从其获得大量的订单，形成规模效益。供应商规模效益的获得可以提高其投资改造自身设备积极性。设备的改造带来的配套件质量的提高和生产成本的降低，对整个服务型制造网络的群体效益的提高也有很大的影响，将有助于服务型制造网络的良性循环。

第四，核心企业的产品结构。服务型制造网络的形成与产品制造链密切相关。现代企业的大部分服务型制造网络的建立都是以产品制造为纽带。因此，核心企业的产品结构成为影响服务型制造网络构成的重要因素之一。一般来说，产品结构能分解成零部件，以便在不同时间和地域进行加工，才能为其他企业提供参与服务型制造网络提供可能。在现有条件下，服务型制造网络模式多由加工—装配式企业构成，因为在种模式的企业中，产品可分解为不同的零部件，从而为其他某种零部件供应商提供机会。但是，如果企业生产的产品本身是作为附属零部件供应其他产品的，即便产品结构可以分解，也很难成为核心企业。例如，某企业为世界主要汽车制造商提供汽车音响，其产品质量高，交货准时，因此企业因此而蓬勃发展。然而汽车音响不管它的质量多好，只是汽车的附属小装备。尽管它也有可能发展下层的供应商企业，但其产品结构决定了它只能是一个供应商，而且不可能成为服务型制造网络上的核心企业。但是，在实际经营中总有些特例，有些商业性的企业也成为服务型制造网络中的核心企业，其中比较典型的以商业企业为核心服务制造网络就是美国的沃尔玛公司。

第五，核心企业的商业信誉。除了上述的经济因素，一个企业是否能得到其他企业的合作，还取决于企业的商业信誉。服务型制造网络上的企业之间业务往来频繁、账务结算关系紧密，处于核心地位的企业的商业信誉就显得十分重要。能否按时与供应商或分销商结算有关款项，对其他企业是否加入服务型制造网络的影响是很大的。供应商企业一般规模不是太大，如不能及时获得回款，可能直接影响其正常的生产活动。而这种影响很可能通过服务型制造网络“链”产生连锁反应。因为，核心企业如不能很好地履行契约，就会使整个服务型制造网络的结点企业相互缺乏信任，相互拖欠约定，从而最终导致服务型制造网络系统的崩溃。因此，处于服务型

制造网络主导地位的企业不但应有让供应商加入的产品结构，而且还应有让供应商加入的信心，这样才有利于形成服务型制造网络的战略伙伴关系。

第六，核心企业的经营思想与合作精神。在服务型制造网络战略伙伴关系形成过程中，核心企业的经营思想同样具有重要影响。企业的日常经营活动或与合作伙伴的合作态度等方面都可以反映出这家企业的经营思想。核心企业应该着眼于长期的合作利益，将与其他企业建立长期合作关系作为首要任务来完成。因为与其他企业形成长期的网络联盟之后，可以与合作企业利益共享以及风险共担，有助于形成服务型制造网络的内部战略伙伴关系。反观传统的经营思想，对其他企业防范过度而不愿信任，把除自己之外的其他企业都看做对手，这种思想就不利于形成服务型制造网络战略伙伴关系。企业间的相互信任和合作程度与服务型制造网络能否协调运作关系极为密切。如果核心企业不善与人合作，甚至采取敌视态度，就会丧失其他企业对其的信任，即便这个企业具有一定的市场占有率或其他方面的优势，也不能对形成服务型制造网络战略伙伴关系起到促进作用。

6.2.2 服务型制造网络中的加盟企业

服务型制造网络本质上是一种新的核心竞争力合作，加盟企业投入的是自己有价值的核心能力。基于以下三点动机，企业愿意把自己的核心能力投入联盟中与盟友共享：①降低市场交易成本与协调成本；②创造或延伸价值链增加利润空间；③抓住和利用市场机遇，竞争制胜。换言之，其一，显性的战略目标就是增加合作企业的附加值；其二，隐含的战略目标就是在向伙伴学习中提升的企业的战略竞争力，隐含的战略目标也往往是最重要的战略目标。

加盟企业的投入与期望的产出两者之间存在着矛盾：我们学习对方的核心能力，对方也同样如此，那么我们就有可能在获取附加值的增量的同时丧失核心竞争力。由此，引出一个加盟企业必须引起警惕的两难困境：合作企业必须从两个方面进行权衡，考虑如何既能通过合作强化企业效能（Effectiveness）与灵活性，又能保护核心能力。即一方面正向增加合作企业的附加值；而另一方面对可能存在的企业核心能力的丧失进行防御。为此，加盟企业应处理好以下两种关系来保护自身核心竞争力：

（1）虚拟优势与企业自身优势。虚拟优势是指优势自身超越了企业边界而存在于公司外部的某些网络、关系和与企业存在联系的其他实体中。服务型制造网络的优势就是这样一种虚拟优势。加盟企业必须认清，这种虚拟优势所带来的利润可能是暂时的，不能放弃对自身核心竞争力的保护。否则当机遇不复存在时，也就是企业丧失自身竞争优势之时。一个典型的例子即在 20 世纪 80 年代早期 IBM 推出个人计算机时，是通过把个人计算机（PC）不同部件的提供商集合起来组成卓越的联盟的，然而，IBM 的致命错误就是由外部供应商提供 PC 机的核心部件，而非自己开发，形成了虚拟优势。此后，随着以前合作伙伴——微软和英特尔的成长壮大，它们逐渐脱离联盟并开始挑战 IBM，以致最终决定 PC 机标准的是英特尔和微软，而非 IBM。

（2）静态优势观与动态优势观。某些核心竞争力（如业务一线的实施能力）不适于加盟契约合作型服务型制造网络，但这并不是完全绝对的。因为任何的静态优势即使在不被竞争伙伴所学习和模仿的情况下，也会随时间逐步前移而逐步减弱甚至消失。所以，就某种程度而言，企业故意长期封闭或保护一项静态核心竞争力的方法是不可取的。对于核心竞争力而言，创新才是最主要的也是最有效的保护方法。这样才能持续不断地取得动态的优势地位，创造出一系列强化优势，并使它们之间的有机结合和转化成为可能，从而将竞争对手永远地放在追随效仿者的位置。

6.3 服务型制造网络的核心企业识别

服务型制造网络是通过某种共同利益所产生的凝聚力把众多企业联系起来的一种网络组织。构成网络组织的所有成员都应该共享组织的所有资源。但是，服务型制造网络所拥有的资源都是有限的，它不可能在所有的成员中平等地分配资源。实践表明，服务型制造网络各成员能否对自己的核心能力有一个清楚的定位，在很大程度上决定了服务型制造网络运作的好坏和整个服务型制造网络的竞争力。因此，识别出服务型制造网络的核心企业，对于优化配置内部资源、整合利用网络资源有着非常重要的作用。本书根据服务型制造网络中核心企业识别的特点，采用可拓工程方法[149]-[159]对候选企业的核心状态进行识别。

6.3.1 核心企业识别指标体系

在实地调研和文献研究的基础上，本书根据科学性和合理性两个基本准则及识别法则构建出了服务型制造网络的核心企业的识别指标，如图 6-7 所示。

6.3.2 指标体系的可拓分析

核心企业识别指标体系的设计是以核心企业的基本特征为基础的，它的各一级指标就是企业的基本特征，二级指标 c_{kl} 则是反映其所对应的一级指标 c_k 的特征，而各级指标均有其量值 v_k，v_{kl}，因

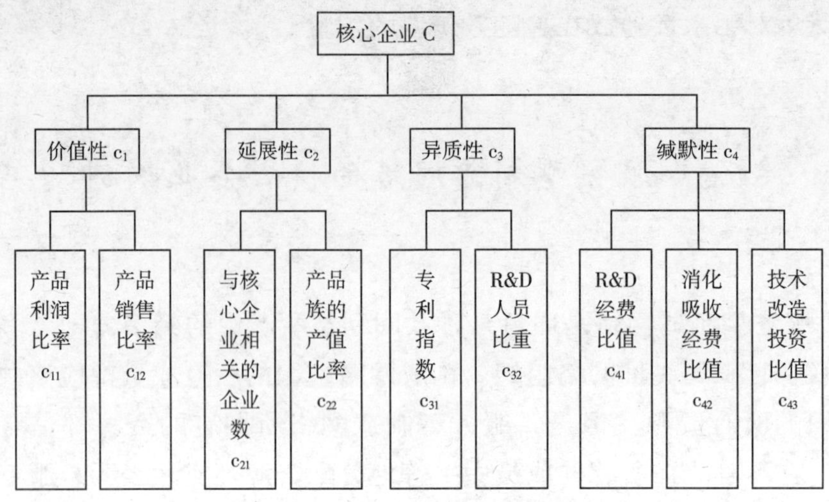

图 6-7 核心企业识别指标体系

此，核心企业与其指标、量值就构成了物元，即 $R_0 = (N, C, V)$。

由核心企业识别指标体系的关系，可建立指标（特征）的初步蕴含系：

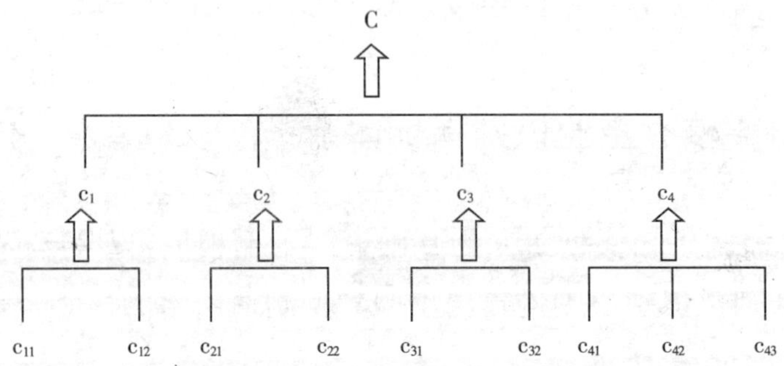

最后，将该特征蕴含系发展为物元的蕴含系：

由于最下位元素的全体蕴含最上位元素，可知核心企业二级指标物元的全体蕴含物元，则有 $\{R_{11}, R_{12}, R_{21}, R_{22}, R_{31}, R_{32}, R_{41}, R_{42}, R_{43}\} \Rightarrow R_0$，这就说明可以用底层指标来分析最上层指标，即企业核心状态的物元可由其二级指标的物元来反映，也就是说，可以用二级指标来识别核心企业。

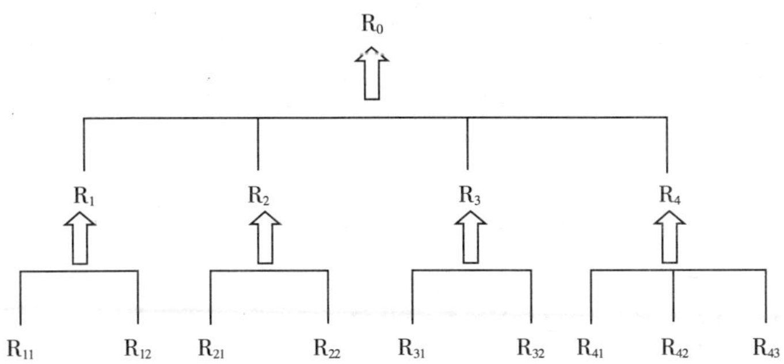

6.3.3 物元模型的建立

由服务型制造网络企业的表现形态，将企业定量地分为 3 个标准模式或等级，分别为 N_{01}=基础态核心企业，N_{02}=亚状态核心企业，N_{03}=成熟态核心企业，由于一级指标的量值直接反映企业核心状态，则与其一级指标可构成 4 维物元模型，把它们描述为以下的定性、定量识别物元模型（称为“经典域”）。

$$R_{0j}=(N_{0j},\ C_k,\ V_{0jk})=\begin{bmatrix} N_{0j} & c_1 & V_{0j1} \\ & c_2 & V_{0j2} \\ & c_3 & V_{0j3} \\ & c_4 & V_{0j4} \end{bmatrix} \quad \text{（公式 6–1）}$$

同理，识别核心企业各指标的允许取值范围形成的物元模型（称为“节域”）为：

$$R_P=(N_P,\ C_{kl},\ V_{pkl})=\begin{bmatrix} N_P & c_{11} & V_{P11} \\ & c_{12} & V_{P12} \\ & M & M \\ & c_{43} & V_{P43} \end{bmatrix}=\begin{bmatrix} N_P & c_{11} & <a_{P11},\ b_{P11}> \\ & c_{12} & <a_{P12},\ b_{P12}> \\ & M & M \\ & c_{43} & <a_{P43},\ b_{P43}> \end{bmatrix}$$

（公式 6–2）

公式中，R_P 为核心企业识别物元模型的节域；N_P 为企业核心状态全体等级；$V_{pkl}=<a_{pkl},\ b_{pkl}>0$（$k=1,\ 2,\ 3,\ 4$；$l=1,\ 2,\ \Lambda,\ n_k$）

表示 N_P 中指标 c_{kl} 取值的允许范围；$V_{0jkl} \subset V_{pkl}$，j = 1，2，3。

同理，对网络中待测的某个候选核心企业，把所检测得到的数据或分析结果用下面的物元模型表示。

$$R = \begin{bmatrix} N & c_{11} & v_{11} \\ & c_{12} & v_{12} \\ & M & M \\ & c_{43} & v_{43} \end{bmatrix} \quad \text{（公式 6-3）}$$

公式中，N 为网络中待测的某个候选核心企业；$V_{kl} = <a_{kl}, b_{kl}>$ 0（k = 1,2,3,4；l = 1，2，Λ，n_k）表示待测某项候选企业的第 kl 个指标的识别值。

6.3.4 基于可拓方法的核心企业识别步骤

在建立了上述核心企业识别物元模型后，需对网络中待测的各项候选企业进行识别，以确定其是否为核心企业以及如果是核心企业，那么属于哪一个等级，为此，需计算待测物元模型与物元模型的“经典域”的“接近度”。在实际中，“接近度”需根据指标的特点选择不同的计算方法，本书采用了可拓学中的初等关联函数。

（1）确定关联函数值。令：

$$\rho(v_{kl}, V_{0jkl}) = \left| v_{kl} - \frac{1}{2}(a_{0jkl} + b_{0jkl}) \right| - \frac{1}{2}(b_{0jkl} - a_{0jkl}) \quad \text{（公式 6-4）}$$

$$\rho(v_{kl}, V_{pkl}) = \left| v_{kl} - \frac{1}{2}(a_{pkl} + b_{pkl}) \right| - \frac{1}{2}(b_{pkl} - a_{pkl}) \quad \text{（公式 6-5）}$$

以上两公式分别表示点 v_{kl} 与区间 V_{0jkl}、V_{pkl} 的“接近度”。令：

$$K_j(v_{kl}) = \begin{cases} \dfrac{-\rho(v_{kl}, V_{0jkl})}{|V_{0jk}|} & v_{kl} \in V_{0jkl} \text{ 且 } \rho(v_{kl}, V_{0jkl}) = \rho(v_{kl}, V_{pkl}) \\ \dfrac{\rho(v_{kl}, V_{0jkl})}{\rho(v_{kl}, V_{pkl}) - \rho(v_{kl}, V_{0jkl})} & v_{kl} \notin V_{0jkl} \end{cases}$$

（公式 6-6）

公式 6-6 表示待测物元的第 kl 个识别指标 c_{kl} 关于第 j 级核心企业的关联度，$-\infty < K_j(v_{kl}) < +\infty$。$K_j(v_{kl}) \geqslant 0$ 表示 v_{kl} 属于 V_{0jkl}，$K_j(v_{kl})$ 越大说明 v_{kl} 具有 V_{0jkl} 的属性越多；$K_j(v_{kl}) \leqslant 0$ 表示 v_{kl} 不属于 V_{0jkl}，$K_j(v_{kl})$越小说明 v_{kl} 离区间 V_{0jkl} 越远。

由此可计算出待测某项候选企业的各项识别指标与各个企业等级的关联度矩阵 $K=[K_j(v_{kl})_{9\times3}]$。

（2）确定变权系数。利用层次分析法，计算一级指标的常权系数，记为 $\omega_k\left(\sum_{k=1}^{4}\omega_k=1\right)$；计算第 K 个指标下二级指标的常权系数，记为 $\alpha_{kl}\left(\sum_{l=1}^{n_k}\alpha_{kl}=1\right)$。则二级指标对企业的常权系数为 $w_{kl}{}^{(0)}=\omega_k\alpha_{kl}$。由于核心企业是一种综合能力的识别，所以可采用惩罚性变权的思路，强调一个核心企业状态的各指标状态的均衡性，在识别中只要有一个指标的关联度太小，哪怕该指标的常权很小，整体识别值亦将迅速变小，这样就更突出了核心企业状态的系统协调性。惩罚性变权公式为：

$$w_{kl}(k_j(v_{11}),\ k_j(v_{12}),\ \Lambda,\ k_j(v_{43}))=\frac{w_{kl}{}^{(0)}}{k_j(v_{kl})\sum_{m=1}^{4}\sum_{n=1}^{n_k}w_{mn}^{(0)}k_j(v_{mn})^{-1}}$$

（公式 6-7）

（3）确定隶属程度。变权待测某项候选企业与第 j 级核心企业的隶属程度为：

$$K_j(R)=\sum_{k=1}^{4}\sum_{l=1}^{n_k}w_{kl}k_j(v_{kl})=\sum_{k=1}^{4}\sum_{l=1}^{n_k}\frac{w_{kl}{}^{(0)}}{\sum_{m=1}^{4}\sum_{n=1}^{n_k}w_{mn}{}^{(0)}k_j(v_{mn})^{-1}} \quad \text{（公式 6-8）}$$

（4）识别准则。计算 $K_{j0}(R)=\max\limits_{1\leqslant j\leqslant 3}K_j(R)$，由此可知：

若 $K_{j0}(R)\leqslant -1$ 时，$R\notin N_0$ 和 $R\notin N_P$，则待测某项候选企业为非

核心企业；

若 K_{j0}（R）≥–1 时，$R\in N_0$ 或 $R\in N_P$，但 $R\notin N_0$，则待测某项候选企业为第 j_0 级核心企业。

令：

$$\overline{K}_j(R)=\frac{K_j(R)-\min\limits_j K_j(R)}{\max\limits_j K_j(R)-\min\limits_j K_j(R)} \quad (公式 6–9)$$

则，称 j^* 为 R 的级别变量特征值。

$$j^*=\frac{\sum\limits_{j=1}^{3} j\times\overline{K}_j(R)}{\sum\limits_{j=1}^{3}\overline{K}_j(R)} \quad (公式 6–10)$$

6.3.5 案例分析

根据在某地毯行业的调研得到某个服务型制造网络企业的相关数据，经计算得到企业的“经典域”、节域物元模型和待测物元模型各特征的量值数据。各特征所对应的量值数据为清楚列于表 6–1 中（cc 是核心企业评价指标的缩写）。N_A、N_B、N_C、N_D 和 N_E 分别表示待测的 A、B、C、D、E 五个企业所具有的状态。

表 6–1　物元模型的数据

	基础态 cc（1 级）	亚状态 cc（2 级）	成熟态 cc（3 级）	节域	cc A	cc B	cc C	cc D	cc E
C11	（1.0，1.3）	（1.3，1.6）	（1.6，2.0）	（1.0，2.0）	1.01	1.68	1.12	1.49	1.08
C12	（0，0.3）	（0.3，0.7）	（0.7，1.0）	（0.3，1.0）	0.54	0.78	0.57	0.68	0.45
C21	（1，4）	（4，7）	（7，10）	（1，10）	3	8	5	6	5
C22	（0，0.4）	（0.4，0.7）	（0.7，1.0）	（0，1.0）	0.66	0.88	0.66	0.72	0.46
C31	（0，0.3）	（0.3，0.6）	（0.6，1.0）	（0，1.0）	0.14	0.16	0.13	0.15	0.10
C32	（0，0.2）	（0.2，0.4）	（0.4，0.7）	（0，0.7）	0.14	0.28	0.16	0.25	0.09
C41	（0，0.005）	（0.005，0.01）	（0.01，0.05）	（0，0.05）	0.002	0.007	0.003	0.006	0.002
C42	（0，0.2）	（0.2，0.4）	（0.4，0.6）	（0，0.6）	0.16	0.38	0.11	0.12	0.17
C43	（0，0.1）	（0.1，0.2）	（0.2，0.3）	（0，0.3）	0.13	0.21	0.16	0.16	0.15

通过上述可拓识别方法，可得待测候选的 A、B、C、D、E 的各级核心企业的隶属程度、所属等级和级别变量特征值，如表 6–2 所示。

表 6–2 待测企业的隶属程度及所属等级

待测企业	等级	常权系数		变权系数		
		隶属程度	所属等级	隶属程度	所属等级	级别变量特征值
A	基础态（1 级）	0.28	1 级	0.073	1 级	1.5449
	亚状态（2 级）	–0.53		–0.95		
	成熟态（3 级）	–0.76		–0.57		
B	基础态（1 级）	–0.39	3 级	–0.39	2 级	1.9818
	亚状态（2 级）	0.013		4.76		
	成熟态（3 级）	0.14		–0.49		
C	基础态（1 级）	0.38	1 级	0.15	1 级	1.6533
	亚状态（2 级）	–0.52		–1.26		
	成熟态（3 级）	–0.76		–0.57		
D	基础态（1 级）	–0.23	2 级	–0.32	2 级	2.1758
	亚状态（2 级）	0.22		0.29		
	成熟态（3 级）	–0.23		–0.19		
E	基础态（1 级）	0.10	1 级	4.05	2 级	1.6037
	亚状态（2 级）	–0.28		6.44		
	成熟态（3 级）	–0.65		–0.52		

6.4 服务型制造网络生态效益增长均衡分析

服务型制造网络是在服务与制造相融合的环境下，由各种利益相关者通过市场机制，以资源（原料、信息、资金、人才）的优化配置以及综合利用为纽带形成的一个特定的生态网络组织。组织内部各利益相关者通过不断的竞争与合作，最终实现经济效益和生态效益的最优化目标。本书以服务型制造网络为研究对象，假定服务型制造网络中只存在制造商、服务商和消费者三个主体，运用 Logistic 模型研究服务制造网络中制造企业与服务企业的融合导致整体生态效益增长的情况，[160]-[177] 寻找服务型制造网络中理想的运作模式及其实现条件。

6.4.1 定义与说明

为方便研究，这里只考虑制造型企业 M、服务型企业 S、消费者 C，并且假设相关主体的生态效率增长服从 Logistic 规律，对有关符号和假设说明如下：

Em(t)、Es(t)、Ec(t) 分别表示在 t 时刻制造型企业 M、服务型 S 企业以及消费者 C 的生态效率；r_m、r_s 和 r_c 分别表示制造型企业 M、服务型企业 S 以及消费者 C 的平均生态效率增长率，即相关主体的生态效率的增长率，相当于生物种群的增长率，假设其是有限的，为常数。l_m、l_s 以及 l_c 分别表示制造型企业 M、服务型企业 S 以及消费者 C 在独立状态下的生态效率最大值。λ_m 表示其他主体的自然增长饱和度对制造型企业 M 的生态效率的贡献，λ_s 表示其他主体的自然增长饱和度对服务型企业 S 的生态效率的贡献，λ_c 表示其他主体的自然增长饱和度对制造型企业 C 的生态效率的贡献。若 $\lambda > 1$，表示其他主体对企业的生态效率的促进作用大于阻滞作用；若 $1 > \lambda > 0$，表示其他主体对企业的生态效率促进作用较小，但大于独立运营状态的生态效率；若 $\lambda < 1$，表示其他主体对企业生态效率的阻滞作用较大。

6.4.2 生态效率增长分析

服务型制造网络可以看做和自然生态系统一样，通过种群之间

的各种作用关系，使系统内资源优化并得到合理利用。制造型企业M、服务型企业S和消费者C相关主体在生存上并不相互依赖，离开对方都可以独立生存，但是通过建立互利共生的关系，可以有效充分地利用资源，共同提高各自的生态效率。

当制造型企业M、服务型企业S和消费者C形成网络组织，相关利益者都通过相互利用对方的资源来帮助自己降低环境污染，节约资金，从而提高相关方各自的生态效率。依据logistic增长方程，可以建立服务型制造网络生态效率增长模型，如下所示：

$$\frac{dE_m}{dt}=r_me_m(1-\frac{e_m}{l_m}+\lambda_m\frac{e_s}{l_s}+\lambda_m\frac{e_c}{l_c}) \quad (公式 6\text{-}11)$$

$$\frac{dE_s}{dt}=r_se_s(1-\frac{e_s}{l_s}+\lambda_s\frac{e_m}{l_m}+\lambda_s\frac{e_c}{l_c})$$

$$\frac{dE_c}{dt}=r_ce_c(1-\frac{e_c}{l_c}+\lambda_c\frac{e_s}{l_s}+\lambda_c\frac{e_m}{l_m})$$

令：

$$\begin{cases} f(e_m, e_s, e_c)=r_me_m(1-\frac{e_m}{l_m}+\lambda_m\frac{e_s}{l_s}+\lambda_m\frac{e_c}{l_c})=0 \\ g(e_m, e_s, e_c)=r_se_s(1-\frac{e_s}{l_s}+\lambda_s\frac{e_m}{l_m}+\lambda_s\frac{e_c}{l_c})=0 \\ h(e_m, e_s, e_c)=r_ce_c(1-\frac{e_c}{l_c}+\lambda_c\frac{e_s}{l_s}+\lambda_c\frac{e_m}{l_m})=0 \end{cases} \quad (公式 6\text{-}12)$$

求解得到，在均衡状态下其生态效益分别为：

$$e_m=\frac{l_m(1+2\lambda_m+\lambda_s\lambda_m+\lambda_m\lambda_c-\lambda_s\lambda_c)}{1-2\lambda_m\lambda_s\lambda_c-\lambda_m\lambda_s-\lambda_s\lambda_c-\lambda_m\lambda_c} \quad (公式 6\text{-}13)$$

$$e_s=\frac{l_s(1+2\lambda_s+\lambda_s\lambda_m+\lambda_s\lambda_c-\lambda_m\lambda_c)}{1-2\lambda_m\lambda_s\lambda_c-\lambda_m\lambda_s-\lambda_s\lambda_c-\lambda_m\lambda_c}$$

$$e_c=\frac{l_c(1+2\lambda_c+\lambda_s\lambda_c+\lambda_m\lambda_c-\lambda_m\lambda_s)}{1-2\lambda_m\lambda_s\lambda_c-\lambda_m\lambda_s-\lambda_s\lambda_c-\lambda_m\lambda_c}$$

由于$e_m>l_m$、$e_s>l_s$、$e_c>l_c$服务型制造网络中的各相关方所得到的生态效率均大于各自独立运行时的生态效率，这种合作关系是一种能够提高整体生态效率的链接形式。但是需要注意网络中相关方之间忠诚和信用风险，因为每个企业都可以有多种不同的选择，维持整个网络有赖于建立信任、决策、激励等有效的运行机制。

6.4.3 结果讨论

本书对服务型制造网络的生态效率均衡增长问题进行了研究。通过对网络组织中相关利益主体的生态效率分析，初步得到了服务与制造的融合对提高整个网络组织的生态绩效效果较好的结论。本研究基于服务商、制造商和消费者三个利益主体展开，事实上由更多的利益相关主体构成服务型制造网络组织更符合实际情况，在进一步的研究中将细化网络组织成员，建立整体的生态效率协调机制。

6.5 本章小结

本章建立由技术网络、信息网络、物流网络、资金流网络和服务网络组成的服务型制造网络组织结构，并提出服务型制造网络主要有星型和联邦两种组织形式；通过对核心企业与加盟企业在服务型制造网络中的重要作用进行分析；应用可拓识别方法建立服务型制造网络核心企业的识别过程，帮助实现组织资源的有效利用。最后，应用罗杰斯特模型对网络组织中相关利益主体生态效率进行分析，得到了服务与制造的融合对提高整个网络组织的生态绩效有较好效果的结论。

7 服务型制造网络整合对企业绩效的影响机制研究

资源整合是服务型制造网络在运作管理方面需要解决的关键问题，对于整个网络组织的绩效提升有着重要作用。本章从网络运作的视角，首先界定了服务型制造网络整合的内涵，分析了服务型制造网络资源整合的过程，并将服务型制造网络构建分为流程整合和信息整合两种方式。同时，本章从企业内外资源整合、企业间交易成本的降低、企业内外核心能力整合、企业知识整合、企业间的学习和企业间伙伴关系的协调等方面，分析服务型制造网络构建对网络组织及企业绩效带来的影响。在此基础上，针对国内制造企业运用实证研究的方法验证服务制造整合有助于企业绩效的持续提高。

7.1 服务型制造网络整合的含义

服务型制造网络的资源整合是以服务型制造网络中的制造企业和服务企业为主体，以满足顾客需求为导向，以提升整个网络组织的经济绩效和组织绩效为目标，突破结点企业现有的职能部门以及企业边界，将整个网络组织作为一个系统来进行协调和管理，通过对整个网络范围资源和能力的整合，合理协调服务企业与制造企业之间的关系，使网络上各结点企业通过优势互补、利益风险共担，形成一个具有竞争优势的网络体系。在服务型制造网络的资源整合过程中有以下几个要点需要注意：

第一，服务型制造网络资源整合由链上的核心企业起主导作用，这些企业以顾客需求为中心，对网络中的资金流、物流、服务流以及信息流进行协调和优化，对分工和协作关系进行重新设计和协调，在结点企业间建立合作伙伴关系。另外，资源整合也代表了成员间的信息是共享的，在网络中必须有一个强有力的领导者，担当沟通与协调的角色，其他企业则围绕核心企业来确定自己的战略和行动。

第二，服务型制造网络资源整合包括了职能内部的协调、职能间的协调和组织间活动的协调。资源整合可以说是企业之间和企业内部的物流、服务流、信息流、资金流和价值流管理的综合集成。因此，资源整合包括两个方面，即内部资源整合和外部资源整合。内部整合发生在企业内部，它是包含企业内部从原材料管理、运输到销售等所有职能的整合；外部整合发生在制造商与服务商、消费者之间，它整合了从供应商到顾客之间的所有职能和信息。当社会资源生产模式从劳动密集型和资本密集型向信息密集型和知识密集型不断发展，企业的管理模式和组织模式都要随着发生不断的变化，资源整合模式也由产品整合转变为产品、服务和信息等诸多资源的重新整合。无论是内部整合还是外部整合，都反映了这些变化的趋势，并能够在多个方面形成和提升整个网络及企业的竞争优势，带来较好的经济效益。

第三，在服务型制造网络资源整合中，企业不会以牺牲伙伴为代价而寻求成本降低或利润增长，相互信任和合作使网络中企业会主动关心网络中其他方的利益，在采取行动之前会考虑自己的行动对其他方可能产生的影响。企业可以与其他企业建立战略伙伴关系，通过战略合作和资源共享来帮助实现非核心业务的规模经济，而企业自身可以关注于核心竞争力的发展，最终获取竞争优势。

第四，服务型制造网络的目标是从整体上优化网络，增强为最终顾客服务的能力，而不是优化网络的某个部分；整个网络是围绕顾客需求而展开的产品和服务网络，合作伙伴之间的有效合作与支持，使所有与企业经营活动相关的人、技术、组织、信息，以及其他资源有效地整合，形成整体竞争优势。

第五，网络上单个企业的最终成功将依赖于整合企业间复杂的业务关系的管理能力，并发挥网络中企业的技能、经验知识和能力的杠杆作用。资源整合要求把网络中所有企业的特殊资源和核心能力整合起来，这显然会大大提高网络成员企业和整个网络的竞争优势，这也是推动管理发展的重要动力。

在当今的竞争环境下，没有一个企业能够仅仅依靠内部的资源来谋求持久的竞争优势，企业自身的业务流程改进也并不足以创造竞争优势，必须把经营过程中的制造工厂、服务网络、顾客群有效地纳入一个紧密的网络组织中，在基于整个网络的价值增值环节上谋求业务上更广泛的创新。在网络竞争时代，资源整合成为企业持续竞争优势和良好绩效的重要来源之一。资源整合主要涉及服务商与制造商的整合以及企业与顾客的整合，可以分为流程整合和信息整合。

流程整合是指在服务制造网络中跨越企业边界的企业之间业务流程的设计和优化，以减少非增值活动，消除浪费，实现企业之间资源的优化整合。要实现真正的外部整合，首先就要从分析网络组织中各项流程开始，确定每项流程的价值创造能力，并对各项流程进行调整和重新设计。企业资源或能力必须体现在具体的载体上才能发挥作用，这个载体是企业创造顾客价值的关键业务流程。构建一个能够准确把握用户需求并快速响应用户需求的服务型制造网络成为竞争的关键要素，流程的效率性、柔性和组织的适应性在其中发挥了重要作用。

信息整合是网络成员利用信息技术有效解决组织间信息的获取

和协调的问题，实现企业之间信息和知识资源的整合，更有力地推进外部流程整合的基础。企业之间信息资源的整合使得企业之间的各种信息活动及其要素相互联结、相互作用而衔接为一个整体，促使供应链上信息资源的开发与利用。信息整合有助于识别支持组织战略决策的战略信息资源，实现信息资源的增值，企业之间的信息整合能够最大限度地消除企业之间的信息资源重复建设和资源封锁现象，强化网络中企业间的协同效应，为服务型制造网络资源整合的战略实施营造良好的信息环境。

7.2 服务型制造网络整合对绩效的影响分析

随着信息技术的快速发展和广泛深入的应用，企业面临的竞争环境越来越复杂、顾客需求的不确定性越来越大，单凭企业自身的资源，已渐渐难以应付外界环境的快速变化。在企业间进行资源整合是服务型制造网络的必然需求。复杂的全球组织活动网络的协调正在成为竞争优势的重要来源之一，如何连结企业外部资源、提高产品质量及消费者满意度、提升企业绩效是企业重要的战略议题。

7.2.1 服务型制造网络促进企业内外资源的整合

资源竞争优势理论认为一个企业所占有的具有不可替代性、稀缺性、不完全可模仿性以及价值性等特性的资源是在市场中获取竞争优势的重要来源。同样这种资源优势论不仅适合单个企业的分析，而且适用于组织间层面的优势分析。马士华、林勇认为，企业资源从系统角度划分为内部资源和外部资源两部分。但是不同企业由于在自身能力和知识储备上的不均衡，导致企业在内外部资源的

获取和利用方面存在着巨大的差异。所以说，只有当组织将内部资源与外部资源相互整合之后，所获得的整合资源才能为企业或者组织带来理想的绩效。因此，服务型制造网络整合性资源为整个网络组织所有，为参与服务型制造网络构建的企业提供外部企业难以获得的市场机会。整合性资源不是某个企业内部的有形和无形的资源，而是在服务型制造网络构建过程中帮助企业获得竞争优势的资源综合体。

（1）整合性资源的价值性与稀缺性。服务型制造网络由一些具有相对竞争优势的企业构成。一个独立的企业与其他企业构成服务型制造网络的意愿，来源于其他企业是否具有该企业所需要的技术、资源或者能力，此企业是否能通过联盟的形式强化自身优势，弥补自身不足，从而加快发展企业的核心竞争力。在复杂和快速变化的市场和技术条件下，企业必须尽可能把核心竞争力之外的业务活动进行外包，即使在存在交易成本经济学所说的“专用性投资交易”的场合。在服务型制造网络上，即使核心企业也不可能在产品服务价值链的每个环节都拥有资源和能力上的绝对优势。相反，不同的结点企业可能在服务型制造网络运作的不同环节上拥有各自的资源和技术优势。这就为服务型制造网络企业之间资源的互补整合创造了条件。

当某些资源不能通过市场交易或并购的方式有效获得的时候，建立服务型制造网络进行资源协调为企业间交换或共同利用有价值的资源和能力提供了可能。在网络中每个企业拥有各自特殊的资源或能力，如果能够对这些资源加以整合和利用，不仅企业可获得其所需的资源和能力，而且资源联合利用的系统性也能产生较高的综合绩效水平。企业彼此合作创造价值的动力学基础是可以获取互补性资源与能力。企业可以利用其现有的内部资源与其他企业的资源进行整合，所得到的整合性资源的稀缺性和价值性远高于最初的单项资源的稀缺性和价值性，同时也为组织获取租金提供了有利条件。通过由稀缺资源构成整合体，使服务型制造网络上的所有企业不仅能获取互补性资源和能力来共同完成价值增值过程，而且可以使服务型制造价值链能够更好地为顾客提供所需的服务或产品，从而获得超出行业平均水平的收益（李嘉图租金）。

总之，服务型制造网络的整合性资源难以为企业个体所拥有，即使是个体的专用性资源，如果离开了相应的共享资源，其价值很难充分发挥；其次，整合性资源也是企业之间长期协调与合作的结果，又由于网络成员的构成以及成立的时间的不同，所以组织所拥有整合性资源具有独特性，很难被其他组织复制或模仿。

（2）整合性资源的异质性与不易替代性。服务型制造网络的结点企业之间通过资金流、服务流、信息流和物流等资源流动方式进行相互联系和相互协调。同时，这种整合性资源所拥有的异质性和不易替代性已经嵌入了特定的企业组织关系之中，并且有着很强的产生路径的依赖性，使得其他组织很难拥有与网络结点企业相似的技术、知识、能力和信息等竞争资源的产生途径，所以其他组织很难模仿或者替代这种整合性资源。服务型制造网络的资源整合使网络中的结点企业能够共同开发利用资源，通过形成协同性的资源集合体来共同实现帕累托最优的状态，同时通过协调合作还可以带来更多合作专门性准租金。整合性资源的异质性和不易替代性主要产生于网络中企业所拥有的隐性知识、技术诀窍等无形资源。网络中企业之间长期的合作和相互信任确保了企业之间知识、信息和技术诀窍传递的高效性，而这种隐性的知识和信息往往是企业创新的重要源泉。

这种整合性资源存在于特定的合作关系中，通过协同效应为服务型制造网络中的结点企业带来了协同合作的关系性租金，从而为整个服务型制造网络中的企业在市场中获得竞争优势提供了帮助。服务型制造网络资源整合所产生的这种优势也是网络的外部企业所不能了解和识别的。独特的服务型制造网络资源整合模式使整合性

资源呈现了因果模糊性，进而使得网络外部企业难以进行模仿。

沃尔玛通过“连续装卸”构建跨企业的高效率供应链流程，这种高效流程的关键在于，把企业的供应商、配送中心和众多分店的销售点等能力单元通过专用的卫星通信系统连接起来，使得各方皆能够及时获取所需信息，实现供应商的销售流程、配送中心的配送流程和销售点的订货流程等的有机整合；供应商共享实时的销售数据并迅速做出反应，使配送中心能够在 48 小时内交付新订货物，并最大化地满足顾客需求的变化。可见，通过顾客驱动所构造的核心业务流程，是沃尔玛持续发展的关键资源，是其竞争优势的直接来源。

（3）整合性资源的动态性。需求的不确定性和产品/服务的复杂性，要求服务型制造网络的企业通过资源的整合来实现整体竞争力的提高，这种对资源、能力等有序的组合，也能极大地提高服务型制造网络及其结点企业的经济效率和市场竞争力。服务型制造网络整合能力包括企业与合作伙伴之间以及企业内部各职能部门之间的协调和合作能力。无论是在企业之间战略性伙伴关系的建立过程中，还是在网络中资源的识别、获取、分配、整合和利用过程中，都需要对企业内各职能部门之间以及与战略合作伙伴之间的关系进行有效的协调。经过对企业内部和外部各种关系的有效协调，实现整个网络组织内外资源的整合，有利于形成新的协同高效发展的资源配置模式。服务型制造网络构建不仅能有效地调节网络中结点企业的资源状况，也能促进网络资源整体的优化配置。同时，还满足了网络中企业向其他伙伴企业学习的需要，结点企业通过相互之间的学习都非常清楚自己该如何才能与对方达成协同的目标，并知道如何调整自身资源优化配置的方向。通过资源整合的动态调节过程，每个企业都在通过学习不断地提高自己的创新能力，积累合作的经验。这种学习过程不仅可以使企业清楚地把握自己的资源优势和动态，而且可以帮助企业通过伙伴行为特征识别做到对整体资源配置优化的调整。总之，服务型制造网络整合性资源不具体表现为某些有形或无形的资源，而是表现为企业及整体服务型制造网络扩张和发展的核心基础，能够在未来的发展变化中为企业衍生出新的资源或能力创造潜在可能。服务型制造网络构建扩大了企业的资源范围，通过资源整合来克服单个企业的资源有限性，创造出具有整体动态性的组织。

将服务型制造网络整合性资源的以上特性综合起来，便形成了服务型制造网络外部企业所难以模仿、能够为网络中企业带来竞争优势的重要源泉。服务型制造网络中的企业借助整合性资源获得市场竞争的不对称性优势，从而获取与维持企业及网络整体的竞争优势和较好的绩效水平。

7.2.2 服务型制造网络促进企业内外核心能力的整合

（1）服务型制造网络构建促进企业内部核心能力的整合。Prahalad & Hamel 将核心能力解释为“组织中的积累性学识，特别是关于如何协调不同的生产技能和有机结合多种技术流的学识”，是“一组先进技术的和谐组合”。这里技术的含义是广义的，它既包括科学技术，还包括管理、组织以及营销等方面的技能。

内部核心能力的整合既是企业的内生资源，也是企业员工的经验、知识与企业长期实践相互作用的结果。服务型制造网络的构建试图最大限度地协调企业内部核心能力，通过对企业内部现有的信息、物流和资金流进行设计、规划和控制，从而增强产品竞争力。尤其是借助计算机网络及信息技术后，企业内部信息共享成为现实，内部各个环节分工明确，企业能够更加迅速地对顾客需求做出响应。世界零售巨头沃尔玛就是凭借对企业内部核心能力的整合，有力地支持、整合了它所拥有的物流、资金流、价值流等资源，实现了强大的采购、配送能力和卓越的企业绩效。

美国大型连锁百货公司 Penney J. C.，其内部服务型制造网络构建后可以做到它的 1500 多个分店的经理与采购中心有经验的采购人员共同进行采购决策。这种决策方式既利用了分店经理所拥有的地区市场的知识和能力，又利用了中心采购部门规模经济的要求以及中心采购人员的经验知识。同时，分店经理还因此学到了采购知识。这实际上为该公司开发出了新的能力，即采购分散化。

内部整合使员工通过信息共享获取知识和能力，然后在不同部门员工之间进行共享，实现能力提升，并将新知识和旧知识整合起来，供企业其他员工学习和利用。

可以预见，只有在低成本、高效率、高度整合和快捷的业务流程体系与信息系统的前提下，企业才有可能建立起能够为它的顾客提供所需服务或产品的企业核心竞争力体系。同时，企业才能够不断地通过优化其物流网络、服务流网络以及信息流网络，加速产品服务的周转速率从而来改进整个服务型制造网络，并使异质化的服务型制造网络成为卓越绩效和竞争优势的重要推动力。

（2）服务型制造网络构建实现企业间核心能力的整合。Kogut & Zander 曾明确地提出了“组合能力”（Combinative Capabilities）的概念，认为企业中很多知识都是隐性的，企业竞争力来自拥有知识的员工之间的一种“高层次上的组织原则”（Higher Level Organizing Principle），这种组织原则使得知识拥有者们能够密切联系，互相激发、交换、重组隐性知识，实现创新。[178] 就服务型制造网络系统而言，有利于服务型制造网络整体竞争力提高的各个企业的独特能力，必须通过有机连贯才能形成力量的汇聚和放大，取得“1+1>2”的效果。

服务型制造网络构建是一种建立在各个企业价值链之上的、跨越多个厂商和多个部门的网络化组织，其核心能力实质上是基于服务型制造网络中企业核心能力的整合。当前，随着企业专业化分工的加深，服务型制造网络构建成为企业重构价值链的重要条件。企业可以借用共同的销售渠道，获得稳定可靠的原材料，利用服务型制造网络内流动频繁的信息获得竞争对手的情报，采用不同的生产工艺等。对顾客需求的快速响应是提高顾客满意度的重要途径。而对顾客的快速响应可以通过网络中企业的流程重新整合来实现，具体手段包括准时化生产、准时化配送以及准时化服务等。但是，我们需要注意的是采用准时化的方法会导致企业的运营成本增加，与此同时，由于顾客满意度增加也使企业的利润值有较大的增长，存在着效益悖反。从整个网络组织的利益来看，增加的收益远超过所增加的成本，所以通过快速反应的手段从整体上还是降低了服务型制造网络的运行成本。

企业间核心能力的整合克服了企业对资源的产生、获取以及利用过程的路径依赖。任何企业对组织形式和资源配置方式的选择都要考虑到企业中业已形成的资源和能力的使用惯例。但是，企业的这种惯性战略思维的轨迹促使资源能力有使用路径的依赖，并且这种依赖还会对企业未来的发展形成束缚，使企业在能力、信息、技术等方面产生制约进而形成经营风险，在市场博弈中难以取得长期竞争优势。换言之，企业在其发展过程中，存在一些影响企业经营柔性以及资源获取方式选择的制约因素。这些因素在当前资源环境条件下促使企业只能沿着既定的路径发展，从而减小了可供企业选择的多样化发展的范围，也使企业失去了拥有新的能力与资源的机遇，最终妨碍企业产生和发展新的核心竞争力。服务型制造网络的构建旨在形成一个企业之间协同合作的集合体，能够帮助解决制约企业新的核心竞争力产生的路径依赖问题。服务型制造网络构建使其成员企业能够根据各自的核心能力进行分工，从而通过集约化经营降低结点企业的市场风险。同时网络组织中企业之间的分工协作，更有助于把握市场运行变化趋势以寻觅商机，也有利于企业获得长期良好的组织绩效以及持续的竞争优势。因此，服务型制造网络整合的是一种动态的协调与创新能力，它对企业资源能力的组织

管理过程进行重新的设计、协调、创新以及整合，使服务型制造网络成员企业能够不断创造新的核心能力。

7.2.3 服务型制造网络促进企业间学习和知识的整合

（1）服务型制造网络构建促进动态的知识整合。在激烈的市场竞争中，企业要想获得持续的竞争优势就必须要提升自身的创新能力，而创新问题关系到了企业的生存和发展。实施企业创新的关键环节在于能够不断地获取与企业相关的新知识。服务型制造网络在帮助企业获取新知识方面起着重要作用。它打破了通过企业开发与并购来获得知识的方式在整个网络组织范围内重新建构了知识的获取途径，形成了企业内新的知识和能力产生的有效的动力学机制。在协调合作的网络环境下企业可以很容易得到或者形成自身所没有但是对其发展尤为重要的技术知识。企业之间的知识整合使企业能够正确认识和创建自身的核心能力，认识到企业现有核心能力对市场需求的满足程度，当前和潜在竞争者相对市场地位的变化，明确企业应达到的战略目标及其对所需能力的要求，能够帮助企业有效地创建新的核心能力。

在服务型制造网络构建的过程中，越模糊的知识，越需要在主体之间的互动和接触中学习。例如，进行创新所需的知识的高度缄默性，就意味着交流和共享这些知识需要双方之间面对面的接触和沟通。

服务型制造网络内企业之间、员工之间频繁的交流，增加了相互学习的机会，知识溢出效应明显。在知识经济条件下，企业的核心能力集中体现在知识的整合能力上，这种知识的整合包括了显性知识和隐性知识的整合。服务型制造网络企业间的知识整合，不仅是将分散在企业内部、企业员工头脑中的显性知识进行整合，更主要的是对分散在不同合作伙伴间的隐性知识进行整合，是服务型制造网络成员利用合作网络进行跨组织的知识整合，也是服务型制造网络新知识产生和新能力构建的过程。

服务型制造网络的知识整合，不仅可以使企业了解合作者能够观察到的显性能力，而且可以使企业学习到合作者的隐性能力，这种能力嵌入在企业所处的社会情境中。因此，它更为独特、难以模仿和难以交易，能更好地为企业创造战略价值。这种知识的整合能够帮助企业适应外部迅速变化的市场环境的需要，通过合作交流活动机制实现能力的重构和转型，这样既保障服务型制造网络构建活动的有效运作，又使企业不至于被某条服务型制造网络锁定，陷入不利的战略境况。

这种随着服务型制造网络中企业之间的组织学习机制而产生的动态能力，能够使企业成功地进行核心竞争力的转型，不断提升自身的竞争力水平，从而帮助企业通过创新行为实现长期良好的竞争优势。知识整合最终阶段是将整个服务型制造网络中所有结点企业的相关的知识集合为一个由网络组织共享的知识库。网络成员企业可以随时针对自己需要的技术知识进行查找和获取，并且第一时间掌握整个服务型制造网络运营方面的状态信息来帮助企业进行相关决策，有利于整个服务型制造网络绩效的提高。

著名汽车制造商戴姆勒—克莱斯勒公司指挥着一个庞大的全球服务型制造网络——在 37 个国家拥有 104 家工厂、在 200 个国家拥有 1.4 万个供应商和 1.3 万个销售网点。在没有实现真正的知识整合以前，克莱斯勒很难解决与数千家为其轿车、卡车以及商用车设计零部件的供应商之间出现的质量问题。2001 年，克莱斯勒引入了一种 Web 驱动型质量管理系统以及服务型制造网络协作网络，与供应商实现了真正的知识共享，其服务型制造网络不仅可以预测变化，还能帮助公司迅速地根据变化进行调整并适应变化，服务型制造网络整体的竞争优势得到了大幅度的提升。

（2）服务型制造网络构建促进企业间的学习。企业产生并替代

市场的部分原因，是因为在市场中学习存在着比较大的困难。许多学者认识到，在充满不确定性和技术快速发展的竞争环境中，采用内部化和收购方式开发新知识的组织体制，会因为开发进程过于缓慢而影响到企业获取“先行者优势”。但是，在网络中企业之间的联系比市场联系更紧密、更持久，所以，更有利于信息合谋和更可靠的信息交换。在市场中不可能发生的学习效应，通常能够在企业网络中出现。尤其是服务型制造网络构建过程中结点企业之间的相互学习，这种学习有助于企业技术研发知识的积累并且提高产品服务的创新速度。对网络中的结点企业来说，这是一种非常重要的稀缺的、价值性很高的资源。日本的汽车行业之所以能够通过创新赢得市场优势，与汽车制造商和供应商的组织间学习是分不开的。

Lamming 认为，获取知识是重要的网络活动，且是精益供应（Lean Supply）的重要元素，而精益供应强调制造商与供应商共同学习的重要性。[179] 许多企业与其合作者或竞争者进行战略联盟通常是为了学习，通过学习让企业获得对方的经验与知识。所以，服务型制造网络也是一种识别、获取以及利用其他企业新知识的方法，通过知识的网络传播形式将一个企业的知识分享给另一个企业，[180] 当然也可以通过企业间的互动的形式完成知识的扩散过程。

Spinello 认为，企业间的学习途径，经过组织内部认知、内部响应、外部响应和外部认知等循环过程以连接、获得、传播和分享组织间的知识流。[181]

第一，外部认知（External Aware-ness）。企业吸收本身不具备的外部信息的能力，并且将它转换成可用的知识。

第二，内部认知（Internal Awareness）。企业决定保留并对内传播的知识，不论这种知识体系是由内部发展的还是由外部引入的，这种对特定知识需求的认知，可以帮助企业对自身资源和核心能力的需求及限制的了解。

第三，内部响应（Internal Responsiveness）。提供企业组织和整顿自身资源以面对突然的市场需求，把握机会优势，在预期的新市场中，发展新的产品种类，或对日渐明显会影响公司战略地位的威胁提出主张的能力。在这个阶段，企业开始转化知识进入行动。

第四，外部响应（External Responsiveness）。企业制定市场活动和市场定位决策时所具备的能力，以适应消费趋势和市场需求的移转；企业的外部响应是市场驱动的，需要对环境、情境有特殊的敏感度和警觉性，这些环境、情境是超出设计或生产的范围的。

以上过程说明，服务型制造网络核心成员从产业环境中获得外部信息或竞争冲击，随即让组织内部知晓并传播信息，刺激组织内部的讨论和学习，凝聚组织内部的意识形成战略并采取行动（内部知晓与响应）。核心成员的内部愿景，需要网络系统整体的动员配合，因此，核心成员便会将愿景传播给其他成员，并促使它重视与接受（外部知晓），服务型制造网络中其他成员企业再将这种信息，在组织内部传播、讨论、凝聚成组织衍动（外部响应），达到组织间学习的效果。

服务型制造网络成员企业通过长期关系的建立，加强成员企业之间的相互信赖与对网络的忠诚度，形成企业之间的忠诚、信任机制以及作业过程的默契配合。所以，这种关系可以加强企业的透明度，增强企业之间的相互了解、建立相对应的伙伴信任，有助于网络成员企业间的相互学习。Knight 提出，当企业与学习活动的合作者发展稳定的承诺、信任和团队合作的作业精神时，可与供应商成功地建立合作关系。[182] 从另一个角度讲，信任机制的存在使企业与合作企业愿意彼此共享知识和经验，增强双方沟通交流的透明度。同时，知识经验的共享能帮助双方相互了解彼此的经营理念，在相互讨论以及相互了解基础上进一步提升知识经验交流的接收程度。所以，我们认为企业间的相互学习往往发生在长期的合作过程中。Hokansson、Havila 和 Pedersen 的实证研究证明，组织间学习的执行程度与现存关系间的联结具有高度相关，且任何作业活动所

联结的合作关系越多，组织之间的学习效果就越好。[183] 丰田汽车公司在美国建立的供应商网络的案例说明，隐性知识的交流需要一种强联结的机制，因此，在能够形成知识的网络体系中，基于社会化联结的外部网络是促进业务能力提升的有效手段。

企业间学习也体现在企业与顾客的整合中。Henderson 和 Clark 研究发现，当公司可以整合外部市场中顾客的相关信息以及其他厂商的技术时，才能够协助厂商开发出满足顾客需求的产品。[184] 知识管理是戴尔的核心策略，借助直接提供消费者服务，戴尔能够实时获取市场上最重要的信息，由于 70%的销售对象都是大团体机构，对每一个主要的消费者，戴尔都有一位专职的知识管理者负责，并有专职人员持续追踪消费者需求的变动情形，这些与消费者接触的员工以及戴尔的交互式网页（Premier Page）使得戴尔能在顾客进行采购时，事前帮助消费者针对其特殊的系统需求，规划其采购项目，进而减少消费者在设计与架设方面所需耗费的时间与金钱。

在厂商与顾客互动过程的系统环境下，厂商所采取的行动与对顾客的认知是紧密相连的，而这个联结是具有动态性的，也就是说，在一个响应的程序中，组织行动与对顾客的了解是连接在一起的。

总之，组织行动是建立在对顾客需求了解的基础之上的，通过对顾客的回应，顾客就会对组织的行动产生回馈，依此继续循环。

7.2.4 服务型制造网络促进企业间伙伴关系的建立

21 世纪，企业的营运已不再像是一个封闭的个体，资产的创造、拥有、控制与财务都在组织内部运作；反之，新一代企业的核心是由关系构成的网络，服务型制造网络的资源整合优势大大增强了网络中结点企业的生存和发展能力，制定企业的战略必须考虑与合作企业的关系，以及如何通过关系网络达成企业的长期目标和竞争优势。

（1）服务型制造网络构建有利于企业间伙伴关系的建立。根据本书对服务型制造网络构建的界定，服务型制造网络也是网络组织的形式之一，属于有盟主的网络组织。[185] 核心企业主动地关注整个服务型制造网络及其管理，它通过选择业务伙伴、指导企业之间开展生产协同和信息共享，组织企业共同研究和解决产品生产和销售面临的问题使服务型制造网络内的企业之间形成较为紧密的合作伙伴关系。产业内的竞争形态也因服务型制造网络的形成，逐渐由单个企业间的竞争形态，转为服务型制造网络之间的竞争。通过有效的服务型制造网络构建，除了使物流顺畅，达到适时、经济的供补机能外，更可彻底地执行顾客导向的目标，将顾客需求通过服务型制造网络的每一环节，迅速传达到上游供应商，形成服务型制造网络整体的竞争优势。

在追求全面竞争优势的目标下，服务型制造网络是产品服务厂商以交易和合作的形式经过联合所形成的相对稳定的合作组织。这种网络组织不仅可以避免科层制组织管理规模庞大所带来的负累，而且通过整合和优化企业间的资源和能力形成网络组织系统化的优势，可以有效地提升网络组织的运营效率。同时，这种网络组织强调成员合作和共享，其成员企业不仅共享整个网络组织的资源、信息与知识，还提供互补性资源来共同创造市场价值，达到提升网络组织良好绩效的目的。

建立基于信任的企业合作伙伴关系、培养企业间的信任是服务型制造网络竞争优势的重要组成部分。Maloni 和 Benton（1997）也曾提出，伙伴关系是服务型制造网络管理中关系类型的主要代表，企业可以有效地利用伙伴关系，获得互补技术或资产为顾客创造附加价值。[186]

服务型制造网络是嵌入在社会生产流动中的一种关系网络。通

过这种网络形式企业可以获取技术、信息、市场和资源等方面的内容，能够帮助取得规模经济和范围经济的优势，能够直接影响企业的战略行为和竞争优势。企业与上下游企业结成长期的、稳固的和互惠互利的共赢伙伴关系，以最低的成本和最短的时间获得战略性的资源，并将联盟企业的技术、知识和创新能力整合到自己的业务流程中，与它们共享信息，通过协同运作来使它们快速和高效地响应自己的需求，从而节约成本、缩短产品投放市场的时间、增强产品和服务的创新能力与自己响应市场和消费者的能力。服务型制造网络企业间这种柔性关系决定了服务型制造网络企业间较高的相互信任，具有战略性资源属性；同时，也为企业间学习提供了更为广阔的界面，开辟了获取外部资源的路径，为交互式学习和创新提供了条件，这对于市场中难以交换的隐性知识的交流来说尤为重要。

（2）服务型制造网络构建有利于企业间持久伙伴关系的建立。服务型制造网络构建需要经历较长的历史过程，独特的历史条件对于服务型制造网络低成本获取和吸收新资源具有决定性的作用。历史的因素对于绝大多数成功的服务型制造网络企业间关系的形成与发展都起到了至关重要的作用，不同的历史背景往往培育出竞争优势差异较大的服务型制造网络企业。服务型制造网络整合是从上游的服务商和制造商到最终消费者所有成员的整合，突破了传统企业的边界，一个企业对自身资源的利用变得依赖于另一个企业的资源优势和使用状况。基于服务型制造网络建立企业间长期的合作关系网络，是企业获得生存和发展所需能力、资源和知识的重要途径，也是企业获取竞争优势的重要渠道。

服务型制造网络构建以网络中所有企业成员的利益最大化为目标，强化企业间彼此的信任机制。它不是谋求对企业自身的生产资源以较低的价格进行反复利用，而是希望通过诸多相关企业的联合，发挥各自企业的优势资源和知识，互补企业在生产功能方面的缺失，最终达到互补相乘的效果。服务型制造网络中的成员企业共享由其他企业所占有的资源，而且大部分收益来源于网络资源的整合，同时合作企业相互约定不为自身利益而牺牲他人的利益。因此，服务型制造网络企业伙伴关系由于产生过程中的路径的依赖性，即通过特定服务型制造网络进行组合，非常难以模仿与替代，具有持久性，从而具有战略性资源的特征，能为企业和服务型制造网络带来持续的竞争优势。

服务型制造网络合作伙伴关系，使一些实力较弱的企业通过服务型制造网络资源的整合共享可以获得取得竞争优势的能力和资源，合作双方都需要使自己的资源和行为适应对方，这意味着双方都会放弃对自己资源的部分控制，换来对对方资源的部分控制权。于是，内部资源和外部资源之间的界限变得模糊。在服务型制造网络构建中，通过合作关系获得对外部资源的部分控制权，是比较经济的方式。特别是在异质资源的整合过程中，企业间关系使资源得到更有效的动态配置。

就单个企业而言，其很难在获得差异化的同时保持低成本。然而，通过服务型制造网络构建，不同企业间合作伙伴关系可以实现服务型制造网络的整体战略融合，实现企业成本的全面降低，并形成产品、服务、产业甚至区域等各层面上的差异化优势。以香港利丰公司为核心的服务型制造网络，正是利用中国内地成员企业的低成本战略和中国香港、日本成员企业的差异化战略，实现了低成本的消费者定制化。

7.2.5 服务型制造网络促进交易成本的降低

（1）服务型制造网络构建减少了企业间的信息不对称。服务型制造网络构建促进信息在服务型制造网络企业间流动的快捷顺畅，服务型制造网络企业间的信息透明度较高，为营造较高的相互信任提供了前提条件。信息不对称是交易中出现机会主义行为的原因。

服务型制造网络资源整合过程中，由于成员企业建立了长期的协同合作的伙伴关系，合作双方之间的信息相对透明。随着服务型制造网络企业间合作关系的发展，企业间的信任使对合作伙伴进行激励和监督的成本递减，同业促使企业提高生产服务的质量和柔性，以及当一些风险发生时企业双方努力谋求共同利益。与往常通过契约制度形式来要求和限制一些投机行为相比，信任机制的建立需要较高的投入成本，但是信任机制一旦建立只需要很低的维护成本就可存在。信任机制，作为一种非正式的保护措施，能够在较长时间内防止机会主义行为的发生。

（2）服务型制造网络构建促进企业间重复交易。首先，通常在一次交易结束后，购买者如想再次进行交易，需要重新进行包括供应商搜寻、供应商价格分析、与供应商价格协商、供应商选择决策、合同签订并监督合同实施等一系列交易过程。这种重复交易行为需要很高的准备成本以及交易成本。而在服务型制造网络中，由于企业之间存在着长期合作，使制造商往往只选定少数供应商进行合作，这大大节约了重复签约所引起的交易成本。其次，企业间合作是多次重复的，这会影响企业的预期收益。服务型制造网络企业间多次反复博弈的结果使得企业发现高信用会带来更大的收益。而当越来越多的企业这样选择时，服务型制造网络企业之间相互信任的环境就形成了。而且服务型制造网络整体的收益会随着相互信任程度的增加而得到提升，信任的集群效应也就随之得到增加。最后，由于结点企业拥有固定的网络合作企业，与固定合作伙伴的每次交易量就相对比较大，这时就构成了交易过程中的规模经济。在每次交易中的数量越大，单位交易中的交易成本就越低。

（3）服务型制造网络构建可以降低企业的经营风险。服务型制造网络构建减少了企业重新选择合作伙伴的风险。长期的合作使服务型制造网络成员企业相互之间比较了解，甚至能够准确判断对方在一些突发事件中的行为，所以伙伴关系相对稳定，这样就会降低重新选择伙伴产生的成本。而新的合作伙伴的选择会给企业带来较大的合同风险与交易风险，同样会影响整个网络组织的良好的绩效。正是有了像 AT&T 这样的合作伙伴，朗讯公司才可以从困难中慢慢地渡过，良好的服务型制造网络关系使企业获得了抗拒风险、承受打击的能力，然后寻找新的发展机遇和下一个经济增长周期的起点。服务型制造网络企业之间的信任能减少机会主义行为带来的损失，鼓励对关系专属资产进行投资，可以保证对不可预见的事件做出快速柔性的反应。克莱斯勒的 CORE 计划（供应成本的削减计划）中，为了让供应商能够先期参与零部件的设计，公司开放了几乎所有的研发资源来获取供应商的信任。供应商逐渐加大了其在克莱斯勒公司共同事业上的投入，除了向克莱斯勒派遣客座工程师外，不少供应商把投资投向及时供货和快捷的服务上，将自己的基地迁至离克莱斯勒公司技术中心两公里处，以便及时沟通。信任是实现合作伙伴关系的基石。

7.3 服务型制造网络对企业绩效影响的实证研究

7.3.1 研究框架

根据上述对服务型制造网络资源整合的理论分析，我们可以认为服务型制造网络整合应该对企业绩效都有积极显著的影响。为了更加容易地分析服务型制造网络整合和企业绩效之间的关系，在两个变量之间引入竞争优势和顾客绩效作为中介变量，来细化服务型制造网络资源整合与企业绩效之间的相关分析。构造如图 7–1 所示的实证模型。

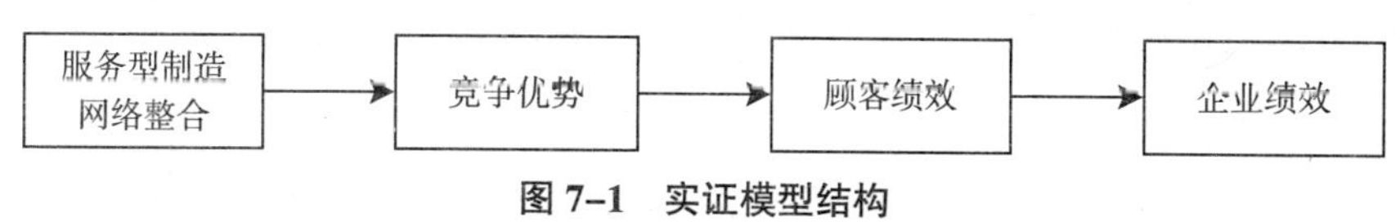

图 7-1 实证模型结构

服务型制造网络整合分为信息整合和流程整合，以强调流程整合和信息整合在服务型制造网络整合中扮演的重要角色，只有将流程整合与信息整合结合起来，才能比较全面地分析跨职能和跨组织整合对服务型制造网络及其企业带来的竞争优势和绩效改进。同时在研究中，假设认为，服务型制造网络整合与企业竞争优势之间存在直接的正向影响关系；竞争优势与顾客绩效之间存在直接的正向影响关系；顾客绩效与企业绩效之间存在直接的正向影响关系。此外，还指出了几种可能的间接影响关系：服务型制造网络整合通过竞争优势影响顾客绩效；竞争优势通过顾客绩效影响企业绩效；服务型制造网络整合通过竞争优势和顾客绩效影响企业绩效。

7.3.2 研究假设

（1）服务型制造网络整合与竞争优势之间的关系。服务型制造网络整合是增强企业竞争优势的重要途径之一。通过服务型制造网络的整合能够帮助企业实现在速度、时间、成本等方面的优势。服务型制造网络的整合强调网络中各环节企业紧密合作，在增加消费者价值的同时，也强调提高网络中各结点企业的利益，为各企业创造利润，增加市场份额，巩固竞争地位和增强企业价值。同时，通过网络的信息整合和流程整合，使网络中各成员企业分工明确，有助于降低成本、提高对顾客的服务质量和缩短产品开发的周期。服务商和制造商企业间伙伴关系的建立，成为企业创造持久的竞争优势和良好的绩效的重要途径。

因此，提出以下假设：

H1：服务型制造网络整合对企业竞争优势有直接的正向影响关系。

（2）竞争优势与顾客绩效之间的关系。与其竞争者相比，企业的竞争优势通常表示企业能够在顾客要求的时间内，更可靠地提供具有更低价格、更高质量和定制程度更高的产品服务。竞争优势可以创造更好的经济绩效、顾客满意度和忠诚度以及企业间的合作伙伴关系。具有更高顾客忠诚度的品牌，会在其目标细分市场上面临较小的竞争性转变，这将会产生更高的销售和利润。总之，通过提升企业的竞争优势为顾客提供更优异的价值，会创造更加优异的顾客绩效。顾客满意和顾客忠诚两者密切相关，都可以用来测量顾客状态。因此，将顾客满意度和顾客忠诚度作为顾客绩效的两个纬度将使测量结果更加客观。

因此，提出以下假设：

H2：竞争优势对顾客绩效有直接的正向影响关系。

（3）顾客绩效与企业绩效之间的关系。较高水平的产品服务系统会使顾客对提供者的总体绩效水平的感知产生正向影响，进而会对顾客满意度产生重要影响。高水平的顾客满意度不仅会使顾客倾向于购买更多提供者的产品或者服务，而且会帮助企业提高顾客忠诚，通过老顾客来获取更多的利润。因而，能创造更高的市场份额和销售量，其整体竞争地位也会得到改善。总之，通过为顾客提供更优异的价值而获得顾客绩效，会创造优越的企业绩效（如市场份额、投资报酬率等）。

因此，提出以下假设：

H3：顾客绩效对企业绩效有直接的正向影响关系。

（4）模型构建。以服务型制造网络的相关理论为基础，本书用来验证研究服务型制造网络整合对企业绩效的影响机制的路径如下：服务型制造网络整合对企业竞争优势具有正向作用（H1），而企业竞争优势对顾客满意度有正向的影响（H2），最后顾客满意水

平可以提升企业绩效（H3）。概念模型如图 7–2 所示。

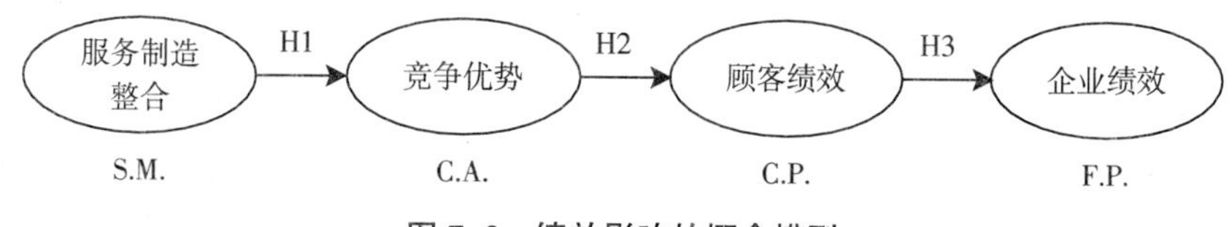

图 7–2　绩效影响的概念模型

7.3.3　数据收集

（1）资料来源及问卷收集方法。本书研究的主要目标是探寻服务制造整合、竞争优势、顾客绩效以及企业绩效四个潜变量之间的关系。其研究构面及量表的操作主要是针对制造行业，同时所关注竞争优势和企业绩效的题项都涉及企业管理层面，所以本书选择了制造企业部门主管或企业总经理作为受访者。问卷经过初步设计形成后，选取 50 位制造企业主管或经理进行预测试，以评估问卷设计及用户上的适当性。测试的结果表明，通过问卷所收集的数据从总体上看适合进行统计分析。同时，根据部分问卷反馈的建议，调整了问卷部分题项的逻辑顺序以及表达方式，对题目内容表述进行语义修正，对每项文字数量和理解难度进行一致性调整。然后，再通过与 10~20 位制造企业中高层管理人员的个案访谈，并参考有关专家的意见，对预试后的问卷进行了再次修改，得到本书所用的正式调查问卷。调查问卷均采用 Likert 五点量表的形式，其中，“1”代表非常不同意，“2”代表不同意，“3”代表一般同意，“4”代表有点同意，“5”代表非常同意，要求测试者在 1~5 的数字中圈选一个数字代表他们对问题的同意程度。尽管 7 级量表可以增加变量的变异量，并提高变量之间的区分度，但是，在与企业的实际访谈中，发现 7 级量表有可能增加填答者的难度，造成填答者的混乱，因此，在问卷设计中本书采用了 Likert5 级量表。

本书采用问卷调查的方法作为收集初级资料的主要方法，所使用的调查问卷的内容共分为以下五个部分：①服务型制造网络整合的情况；②企业竞争优势；③顾客绩效；④企业绩效；⑤企业基本信息，包括被调查企业的企业规模、企业性质等企业基本情况，填答人员的职位等个人基本信息。根据荣泰生的问卷设计原则，本问卷发行量采用封闭性问题以降低填写难度，而将涉及填答者个人信息的问题放在问卷最后，以提高问卷的整体效度。在进行大规模问卷调研之前，进行小样本预测试，对各衡量题项进行完善，使最终调查问卷更加完善。

本书首先通过对回收问卷进行初步分析，包括各变量衡量题项的信度和效度分析。其次进行验证性分析，并根据分析结果对所提出的模型进行改进和完善。最后利用线性结构方程模型分析整体模型的关系并验证所提出的假设关系。[187]-[194] 出于时间限制和成本预算约束考虑，本书从中国质量协会的下属管理咨询公司的企业名录数据库中随机抽取研究要求数量的样本对象。从抽样框中得到的这些制造企业由于在近几年内参加过该管理咨询公司的培训课程，可信度较高。

（2）问卷的发送与回收。本书采用自填问卷调查的方法。填写对象均为制造企业的部门经理级别以上了解企业具体情况的中高级管理者。本书共发出问卷 1200 份，回收问卷 276 份，回收率约为 23%。在社会科学研究领域，学者们公认对调查对象的调查问卷的回收率要求达到 20%以上才符合调查的标准，本次调查问卷回收率为 23%超出这一标准，所以我们认为本次问卷调查符合要求。在回收的问卷中，有 4 份问卷数据缺失率超过了 30%以上，不符合我们的调查要求，所以最终将这几份问卷废弃。调查中有效问卷的总体数据缺失率为 0.2%，而单个维度变量的数据缺失率范围为 0~0.3%，单个题项的数据缺失率范围为 0~0.8%。从此次调查的结果看，整个调查数据信息缺失处于一个较低水平。因此，最终获得的有效问卷一共 272 份，问卷中所有的题项数据都保留了下来。

（3）缺失数据的处理。由于整体调查的数据缺失率较低，所以我们可以认为个别题项的数据缺失是由被调查者的无意识行为造成的，与本身的问卷量表设计没有关联关系。通过对数据缺失的状况进行分析，我们可以发现并没有发现缺失的数据状况有某种规律性特点。通过对一个数据完整组和一个数据缺失组的差异性进行检验，检验结果表明两个样本组数据差异性并不显著。所以我们可以认定问卷调查过程中出现的数据缺失不存在规律性，是随机产生的。我们可以采用插补法处理问卷的缺失数据。鉴于数据缺失较少，笔者最终选定均值插补方法来确定缺失数据。

（4）样本行业分布。本次调研的主要对象为制造企业，所以我们可以依据国家统计局的行业标准分类（GB/T4754-2002）为依据。制造业是一个产业集合的笼统说法，应该包括行业标准分类中的 31 个 2 位代码的行业。但是，由于部分行业的收集数据的困难，我们没有将所有的 2 位代码行业全部考虑，而是选取部分具有代表制造业特征的行业来进行调查。这样既减少了调研工作量又符合研究的要求，这样调研总体既具有足够的代表性又符合普遍性的要求。最终，调研样本的行业分布如表 7-1 所示。

表 7-1 样本行业分布

行业分类	百分比（%）
纺织服装	11.5
食品饮料	34.6
医药、生物制品	5.4
通信设备、计算机及其他电子设备制造	20.8
石油、化学、塑料、塑胶	9.2
电器机械及器材制造	3.8
交通运输设备制造	6.9
通用、专用设备制造	2.4
金属、非金属制造	5.4

7.3.4 研究变量的量表设计

通过对国内外已有的研究成果进行分析，笔者分别对服务制造整合、竞争优势、顾客绩效以及企业绩效四个研究变量的测量指标进行设计，进而检验它们之间的相互作用关系。各研究变量的测量题项的设计主要考虑于以下几个方面：一是直接引用在国内外的参考文献中已经出现的，而且经过实证研究证实的测量题项；二是借鉴国内外已经展开的相关研究，并结合本研究的目的及中国制造业的实际情况，对测量题项进行修改；三是通过与研究相关领域的专家交流，并结合部分企业访谈的结果以获得测量题项。

（1）服务制造整合衡量量表。服务型制造网络整合关注于制造企业、服务企业以及顾客三个构成主体的整合，尤其是制造企业和服务企业的整合。由于流程整合和信息整合对服务型制造网络整合具有重要作用，因此，进一步将服务型制造网络整合分为流程整合和信息整合。为实现顾客价值和需求，服务型制造网络整合也分为制造企业与服务企业/顾客的流程整合和制造企业与服务企业/顾客的信息整合，其中，制造企业与服务企业/顾客流程整合是指服务型制造网络中企业之间业务流程的设计和优化，实现制造企业与服务企业和顾客资源的优化整合，达到服务型制造网络各结点企业的共同战略；制造企业与服务企业/顾客信息整合说明企业利用信息技术有效解决制造企业与服务企业/顾客之间信息的获取和协调的情况。为了便于调研和分析，我们以制造企业为调研研究对象来进行量表的设计。

综上所述，本研究对服务制造整合变量进行衡量的量表如表7–2所示。

表 7-2 服务制造整合量表

构思变量	变量问项
企业与服务企业整合	
信息整合	企业构建了与服务企业进行信息共享或者交换的网络
	企业建立了快速有效的服务分包信息系统
	企业建立了有效的服务商管理信息系统
流程整合	与关键服务商建立战略联盟
	在设计、采购与制造流程中关键服务商的参与程度高
	企业定期与关键服务商对双方流程整合的效果进行分析
企业与顾客的整合	
信息整合	企业构建了与顾客进行信息共享或者交换的网络
	企业能够提供方便顾客的产品服务订购信息系统
	企业建立了有效的顾客管理信息系统
流程整合	企业在战略上针对不同顾客提供合适的产品服务
	与顾客联系以获取对产品服务的反馈
	定期对顾客进行跟踪调查，以了解顾客的消费动向
	与顾客建立战略伙伴关系，定期向顾客传达企业发展方向

（2）竞争优势衡量量表。国内外的文献，通常应用价格、成本质量、配送和柔性等指标对竞争优势变量进行衡量。Koufteros 扩展了以上指标，描述了一个竞争优势的研究框架，确定了以下五个维度：竞争性价格、溢价、提供给顾客价值的品质、可靠的配送和制造创新。这些维度也得到其他学者的认可。许多研究者还认为，时间是未来企业竞争优势的重要来源。

通过比较分析，本书采用的竞争优势衡量包括：质量、成本、柔性、伙伴关系、创新、时间六个维度。产品质量是指企业能提供的产品服务在可靠性、耐用性和稳定性方面的价值。由于低价与微利时代的来临，顾客对价格的敏感度提高，制造企业不得不背负持续降低成本的压力，这更加体现了价格与制造成本对竞争优势的重要影响。柔性是指企业具有较高的制造服务柔性能力，能提供出满足顾客独特性需求的产品服务。伙伴关系是指制造企业与服务企业之间建立的良好的伙伴关系，能保证资源获取和产品销售的稳定性的程度。尽管这项指标在竞争优势衡量构面中应用较少，但是企业间关系已经逐渐成为企业竞争优势的来源之一，因此，在服务制造网络中的企业应该更加重视企业间的合作伙伴关系的建立。创新是指企业能不断地从市场上引入新产品或新服务，保证稳固的竞争地位的程度。时间是指企业在激烈的市场竞争环境下，提高时效性能快速响应市场的变化，可以增强企业的竞争优势。

综上所述，本书采用的竞争优势衡量量表如表 7–3 所示。

表 7–3 竞争优势量表

构思变量	变量问项
质量优势	企业有能力向顾客提供高质量的产品服务
低成本优势	企业有能力向顾客提供具有价格竞争力的产品服务
生产柔性	企业具有较高的生产柔性能力，能够提供满足顾客独特需求的产品服务
创新优势	企业能不断地引进新产品和新服务，保证稳固的竞争地位
伙伴关系	企业有良好的伙伴关系，能保证产品服务供给的稳定性
时间优势	企业有能力快速响应市场需求，减少制造的前置时间

（3）顾客绩效衡量量表。本书拟采用顾客忠诚度和顾客满意度两个维度来测量顾客绩状况。当顾客满意度的水平提升到高水平的程度的时候会使顾客产生忠诚的状态。虽然顾客忠诚度的产生并不以顾客满意为充分必要条件，但相关的研究表明顾客忠诚度和顾客满意度之间有很强的相关关系，以至于有人将两个指标看成一个构念。同时采用顾客满意度和忠诚度来评价顾客绩效是可行的。顾客满意度维度的测量主要关注企业相对于竞争者的整体满意水平。顾客忠诚度是顾客对某一种产品或服务的持续的购买欲望所形成的长期的购买行为。从另外一个角度来看，就是顾客对该产品服务未来购买的可能性较大，或者是顾客有该产品服务转移到另外一个产品服务的购买行为产生的可能性较低。目前，专家学者们主要从顾客的心理和行为两个角度来对顾客忠诚度进行测量分析。同时，测量的指标和题项经常会采用交叉购买意向、重复购买率、价格敏感度

三个指标。因此，我们可以通过顾客满意程度和顾客忠诚度（交叉购买、价格容忍度、重复购买）对顾客绩效进行评价。

综上所述，本书采用的顾客绩效衡量量表如表 7-4 所示。

表 7-4 顾客绩效量表

构思变量	变量问项
顾客满意度	顾客对企业产品服务的整体的满意水平
交叉购买	顾客在购买企业的某种产品服务后，选择企业其他品种产品服务的比率
价格容忍	企业产品服务价格上涨使顾客减少购买该产品服务的程度
重复购买	顾客在购买企业的某种产品服务后，继续选择购买该企业该品种产品服务的比率

（4）企业绩效衡量量表。本书被调查者以主观直感判断的方式来衡量企业的经营绩效。因为：首先，正如 Dess 和 Robinson 所指出的，管理者基于商业敏感或者保密的考虑，可能不愿意透露企业绩效的具体数据，而且匿名填答问卷也会造成使用客观资料的困难；其次，在跨行业的利润绩效研究中，主观绩效指标比客观绩效指标更为适用，这是由于不同行业的利润水平不同，客观指标可能会混淆各因变量与企业绩效的关系，而采用主观衡量指标，就便于管理人员将本企业绩效与行业利润水平做比较。Dess 和 Robinson、Pearce、Robbins 和 Robinson 以及 Venkatraman 和 Ramanujam 等学者的研究表明，客观绩效和主观绩效之间存在很强的相关关系。Brownell 和 Dunk 也认为，没有证据能证明企业内部的管理会计报表、现金流量表、投资回报率等资料会比自我评价的绩效更客观。

以平衡计分卡的理论作为企业绩效衡量的基础，这要求企业根据近三年来企业与同业中其他企业相比而言的绩效状况进行自我评价。财务绩效衡量包括：总利润、销售利润率、资产收益率。增长绩效衡量包括市场份额增长率、销售量增长率、整体竞争地位。

综上所述，本书采用的企业绩效衡量量表如表 7-5 所示。

表 7-5 企业绩效量表

构思变量	变量问项
总利润	近三年，企业的总利润水平与同业相比较
销售利润率	近三年，企业销售利润率与同业相比较
资产收益率	近三年，企业资产收益率与同业相比较
市场份额增长率	近三年，企业市场份额增长率与同业相比较
整体竞争地位	近三年，企业整体竞争地位与同业相比较

（5）问卷的可靠性检验。本研究对问卷的可靠性通过 Cronbach α 系数作为检验指标。应用该指标可以很好地对调查问卷中各个题项之间内部一致性问题作较好的验证。Churchill（1979）认为，Cronbach α 值大于 0.7 一般就认为该变量的测量信度可以被接收。实证研究方面，大家一致认可 Cronbach α 值大于 0.7 为高信度，低于 0.35 为低信度，0.5 为最低可以接受的信度水平。通过计算，各潜变量的可靠性检验结果如表 7-6 所示。

表 7-6 潜变量 Cronbach α 系数

潜变量名称	题项数	Cronbach α
SM	13	0.863
CA	6	0.793
CP	4	0.680
FP	5	0.864

由此可知，SM、CA、FP 三个变量的 Cronbach α 值均大于 0.7，为高信度变量，CP 的 Cronbach α 值大于 0.5，为可接受信度，变量的可靠性较好，可以接受。

7.3.5 概念变量的因子分析

（1）服务制造整合。首先，要对服务制造整合变量数据进行因子分析的适当性考察。本研究采用巴特利特球形检验（Bartlett's

Test of Sphericity）、KMO 检验（Kaiser–Meyer–Olkin Measure of Sampling Adequacy）等方法来对因子分析的适当性进行检验。KMO 取值范围在 0~1。当 KMO 值越接近 1 的时候，所有变量之间的简单相关系数的平方和就越趋向于大于相关系数的平方和，所以更适合做因子分析；相反则越不适合做相关分析。Kaiser 给出了一个 KMO 值的标准：KMO < 0.5，不适合；0.6 < KMO < 0.7，不太适合；0.7 < KMO < 0.8，一般；0.8 < KMO < 0.9，适合；0.9 < KMO，非常适合。Bartlett 球形检验以变量的相关系数矩阵为基础。零假设相关矩阵是一个单位矩阵，通过计算相关矩阵的统计值以及相伴概率，检验开始的零假设是否成立。当统计量相伴概率小于显著水平，则拒绝零假设，即原始变量之间存在相关性，适宜做因子分析，否则不适宜做因子分析。

结果如表 7–7 所示。服务制造整合变量所构成的相关矩阵对因子分析的适当性结果为：KMO 样本测量值为 0.882；Bartlett 球形检验值为 522.467，统计量的显著性概率为 0.000，且小于 0.01。因此，所选指标数据非常适合做因子分析。

表 7–7　服务制造整合变量 KMO 检验和 Bartlett's 检验

Kaiser–Meyer–Olkin Measure of Sampling Adequacy（KMO 取样适当性测度值）		0.882
Bartlett's Test of Sphericity（巴特利特球形检验）	Approx. Chi–Square（近似卡方分配）	522.467
	Df（自由度）	78
	Sig.（显著性）	0.000

然后，应用主成分分析法求取初始因子，因子旋转采用方差最大化正交旋转法，以此作为因子提取的依据。分析结果如表 7–8 所示，我们保留了服务制造整合量表中全部 13 个题项，共提取 4 个因子。

表 7-8 服务制造整合变量因子矩阵

衡量题项代号	因子负荷			
	因子一	因子二	因子三	因子四
SM 01	0.659			
SM 03	0.677			
SM 04	0.688			
SM 05	0.732			
SM 07		0.606		
SM 08		0.590		
SM 12		0.712		
SM 13		0.718		
SM 02			0.501	
SM 06			0.814	
SM 09				0.566
SM 10				0.727
SM 11				0.577
特征值	2.410	2.324	1.688	1.575
累计方差贡献率	18.536	36.412	49.398	61.510
因子命名	服务制造资源整合（SMRI）	企业与顾客流程整合（FCC）	服务制造流程整合（SMPI）	企业与顾客信息整合（FCII）

● 提取方法：主成分分析法（Principle Component Analysis）。
● 旋转方法：方差最大化正交旋转法（Varimax）。
● 旋转迭代 13 次（Rotation Converged in 13 Iteraqtions）。

按照各因子所包括题项的内容，因子一所含题项主要涉及制造企业和服务性企业的资源整合状况，故命名为“服务制造资源整合”；因子二所含的题项主要涉及企业向顾客了解产品服务的需求状况以及向顾客传达发展方向，故命名为“企业与顾客流程整合”；因子三所含题项主要涉及制造企业和服务企业的流程整合情况，故命名为“服务制造流程整合”；因子四所含题项主要涉及企业与顾客的信息整合情况，故命名为“企业与顾客信息整合”。测量相关因子题项负荷量都在 0.5 以上，表示收敛度很好。而且这四个因子累计方差贡献率达到了 61.5%，说明本研究对服务制造整合的测量是比较有效的。

接着采用验证性因子分析对上述结果进行验证研究，如图 7-3 所示。模型的标准化负载系数皆为正，而且都在 0.5 以上，具有显著性（$p<0.01$）。这表明概念变量具有较好的聚敛有效性。模型的绝对拟合指标显示，GFI 值为 0.909，较好；而 RMSEA 为 0.049，较好。从增值拟合指标看，NFI、IFI 和 CFI 都超过了 0.8，较好。从简效拟合指标看，PGFI、PNFI 和 PCFI 基本都高于接受值 0.50。由以上拟合指标可知模型的有效性较好。

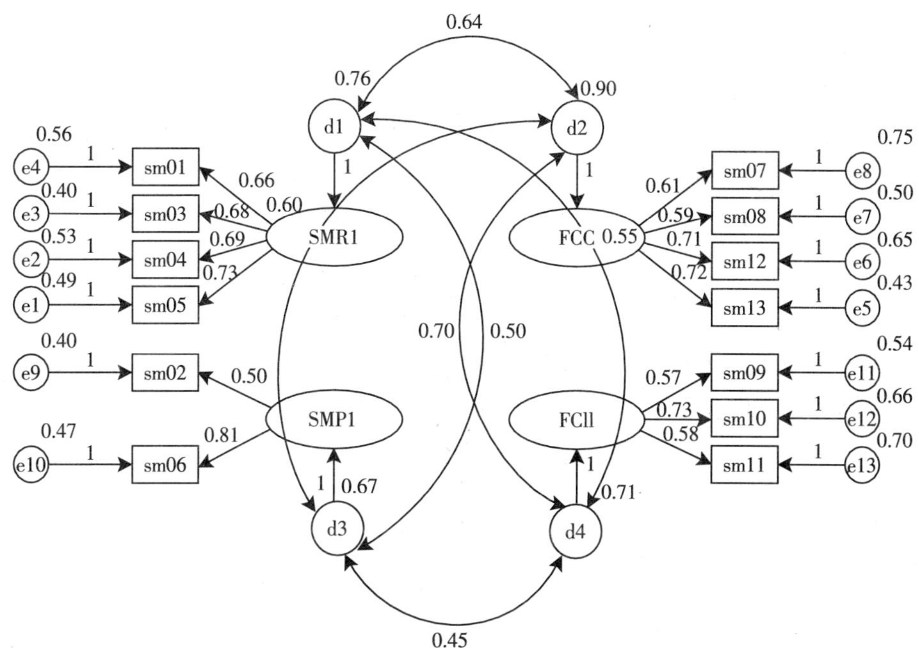

图 7-3 服务制造整合量表验证性因子分析模型

量表总体的 Cronbach α 系数为 0.863，偏 α 系数整体在 0.8 以上水平。从观测变量的可靠性指标 R^2 来看，其取值范围在 0.3~0.8，整体水平在 0.5 以上。综上所述，服务制造整合概念量表具有较好的可靠性。所以，上述检验结果证实了服务制造整合概念具有较好的有效性和可靠性。

（2）竞争优势。结果如表 7-9 所示。竞争优势变量所构成的相关矩阵对因子分析的适当性结果为：KMO 样本测量值在 0.764；Bartlett 球形检验 X^2 值为 223.85，X^2 统计量的显著性概率为 0.000，且小于 0.01。因此，所选指标数据非常适合做因子分析。

表 7-9　竞争优势变量 KMO 检验和 Bartlett's 检验

Kaiser-Meyer-Olkin Measure of Sampling Adequacy（KMO 取样适当性测度值）		0.764
Bartlett's Test of Sphericity（巴特利特球形检验）	Approx. Chi-Square（近似卡方分配）	223.850
	Df（自由度）	15
	Sig.（显著性）	0.000

然后，应用主成分分析法求取初始因子，因子旋转采用方差最大化正交旋转法，以此作为因子提取的依据。分析结果如表7-10所示，我们保留了竞争优势量表中全部 6 个题项，共提取 2 个因子。

表 7-10　竞争优势变量因子矩阵

衡量题项代号	因子负荷	
	因子一	因子二
CA 01	0.760	
CA 02	0.875	
CA 03	0.622	
CA 04		0.620
CA 05		0.874
CA 06		0.735
特征值	1.976	1.865
累计方差贡献率	32.936	64.012
因子命名	生产性优势（MA）	服务性优势（SA）

●提取方法：主成分分析法（Principle Component Analysis）。
●旋转方法：方差最大化正交旋转法（Varimax）。
●旋转迭代 3 次（Rotation Converged in 3 Iteraqtions）。

按照各因子所包括题项的内容，因子一所含题项主要涉及企业在生产制造方面与竞争对手相比所获得的优势，故命名为“生产性优势”；因子二所含的题项主要涉及企业在提高顾客服务以满足市

场需求方面与竞争对手相比所获得的优势，故命名为“服务性优势”。测量相关因子题项负荷量都在 0.6 以上，表示收敛度很好。而且这 2 个因子累计方差贡献率达到了 64.012%，说明本研究对竞争优势的测量是比较有效的。

接着采用验证性因子分析对上述结果进行验证研究，如图 7-4 所示。模型的标准化负载系数皆为正，而且都在 0.5 以上，具有显著性（$p<0.01$）。这表明概念变量具有较好的聚敛有效性。模型的绝对拟合指标显示，GFI 值为 0.94，较好；而 RMSEA 为 0.1，可接受。从增值拟合指标看，NFI、IFI 和 CFI 都超过了 0.85，较好。从简效拟合指标看，PGFI、PNFI 和 PCFI 基本都高于接受值 0.50。由以上拟合指标可知模型的有效性较好。

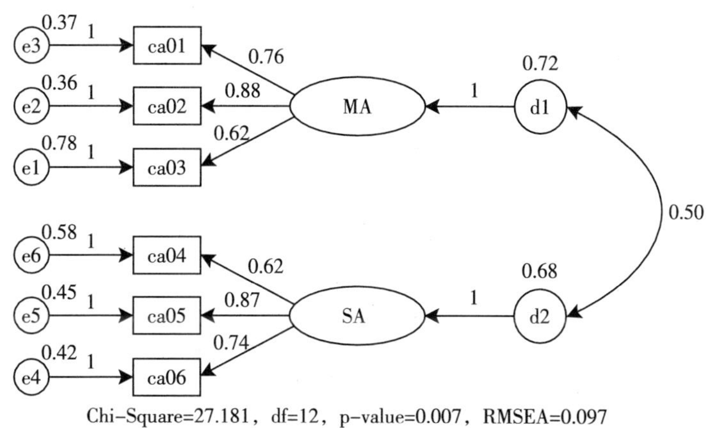

图 7-4 竞争优势量表验证性因子分析模型

量表总体的 Cronbach α 系数为 0.793。从观测变量的可靠性指标 R^2 来看，其取值范围为 0.4~0.7，整体水平在 0.5 以上。综上所述，该概念量表具有较好的可靠性。所以，上述检验结果证实了竞争优势概念具有较好的有效性和可靠性。

（3）顾客绩效。结果如表 7-11 所示。顾客绩效变量所构成相关矩阵对因子分析的适当性结果为：KMO 样本测量值为 0.700；

Bartlett 球形检验 X^2 值为 88.091，X^2 统计量的显著性概率为 0.000，且小于 0.01。因此，所选指标数据非常适合做因子分析。

表 7-11 顾客绩效变量 KMO 检验和 Bartlett's 检验

Kaiser-Meyer-Olkin Measure of Sampling Adequacy（KMO 取样适当性测度值）		0.700
Bartlett's Test of Sphericity（巴特利特球形检验）	Approx. Chi-Square（近似卡方分配）	88.091
	Df（自由度）	6
	Sig.（显著性）	0.000

然后，应用主成分分析法求取初始因子，因子旋转采用方差最大化正交旋转法，以此作为因子提取的依据。分析结果如表 7-12 所示，我们保留了顾客绩效量表中全部 4 个题项，共提取 2 个因子。

表 7-12 顾客绩效变量因子矩阵

衡量题项代号	因子负荷	
	因子一	因子二
CP 01	0.820	
CP 02	0.738	
CP 04	0.675	
CP 03		0.688
特征值	1.595	1.295
累计方差贡献率	39.881	72.259
因子命名	顾客满意度（CS）	价格容忍度（PT）

●提取方法：主成分分析法（Principle Component Analysis）。
●旋转方法：方差最大化正交旋转法（Varimax）。
●旋转迭代 3 次（Rotation Converged in 3 Iteraqtions）。

按照各因子所包括题项的内容，因子一所含题项主要涉及顾客对企业的产品服务的满意状况，故命名为“顾客满意度”；因子二所含的题项主要涉及企业产品服务价格上涨使顾客减少购买该产品服务的程度，故命名为“价格容忍度”。测量相关因子题项负荷量都在 0.6 以上，表示收敛度很好。而且这四个因子累计方差贡献率达到了 72.295%，说明本研究对顾客绩效的测量是比

较有效的。

接着采用验证性因子分析对上述结果进行验证研究，如图 7-5 所示。模型的标准化负载系数皆为正，而且都在 0.6 以上，具有显著性（$p<0.01$）。这表明概念变量具有较好的聚敛有效性。模型的绝对拟合指标显示，GFI 值为 0.986，较好；而 RMSEA 为 0.012，很好。从增值拟合指标看，NFI、IFI 和 CFI 都超过了 0.9，较好。从简效拟合指标看，PGFI、PNFI 和 PCFI 基本都高于接受值 0.50。由以上拟合指标可知模型的有效性较好。

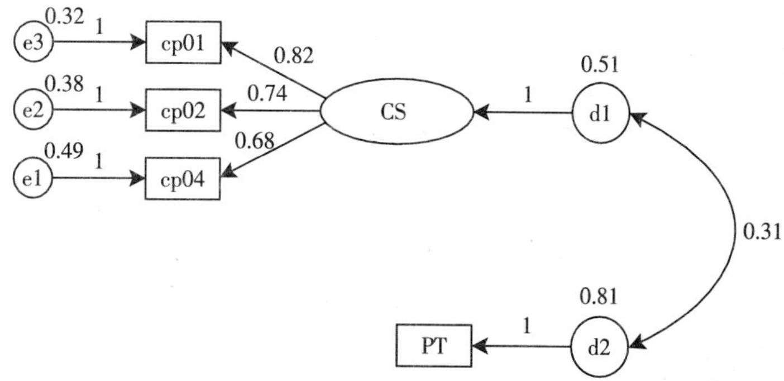

图 7-5　顾客绩效量表验证性因子分析模型

量表总体的 Cronbach α 系数为 0.680。从观测变量的可靠性指标来看，其取值范围在整体水平在 0.6 以上。综上所述，该概念量表具有较好的可靠性。所以，上述检验结果证实了顾客绩效概念具有较好的有效性和可靠性。

（4）企业绩效。结果如表 7-13 所示。企业绩效变量所构成相关矩阵对因子分析的适当性结果为：KMO 样本测量值为 0.876；Bartlett 球形检验 X^2 值为 288.370，X^2 统计量的显著性概率为 0.000，且小于 0.01。因此，所选指标数据非常适合做因子分析。

然后，应用主成分分析法求取初始因子，因子旋转采用方差最大化正交旋转法，以此作为因子提取的依据。分析结果如表 7-14

表 7-13 企业绩效变量 KMO and Bartlett's 检验

Kaiser-Meyer-Olkin Measure of Sampling Adequacy（KMO 取样适当性测度值）		0.876
Bartlett's Test of Sphericity（巴特利特球形检验）	Approx. Chi-Square（近似卡方分配）	288.370
	Df（自由度）	10
	Sig.（显著性）	0.000

所示，我们保留了企业绩效量表中全部 5 个题项中的 5 个题项，共提取 2 个因子。

表 7-14 企业绩效变量因子矩阵

衡量题项代号	因子负荷	
	因子一	因子二
FP 01	0.657	
FP 02	0.571	
FP 03	0.903	
FP 04	0.611	
FP 05		0.913
特征值	1.992	1.781
累计方差贡献率	39.835	75.460
因子命名	财务指标（FD）	市场地位（MP）

●提取方法：主成分分析法（Principle Component Analysis）。
●旋转方法：方差最大化正交旋转法（Varimax）。
●旋转迭代 3 次（Rotation Converged in 3 Iteraqtions）。

按照各因子所包括题项的内容，因子一所含题项主要涉及企业近三年来在主要财务指标方面与竞争对手的对比状态，故命名为“财务指标”；因子二所含的题项主要涉及企业与竞争对手相比在整个产品服务市场的位置，故命名为“市场地位”。测量相关因子题项负荷量都在 0.5 以上，表示收敛度很好。而且这四个因子累计方差贡献率达到了 75.463%，说明本研究对竞争优势的测量是比较有效的。

接着采用验证性因子分析对上述结果进行验证研究，如图 7-6 所示。模型的标准化负载系数皆为正，而且都在 0.5 以上，具有显

著性（p<0.01）。这表明概念变量具有较好的聚敛有效性。模型的绝对拟合指标显示，GFI 值为 0.947，较好；而 RMSEA 为 0.096，可接受。从增值拟合指标看，NFI、IFI 和 CFI 都超过了 0.9，非常好。从简效拟合指标看，PGFI、PNFI 和 PCFI 基本都高于接受值 0.50。由以上拟合指标可知模型的有效性非常好。

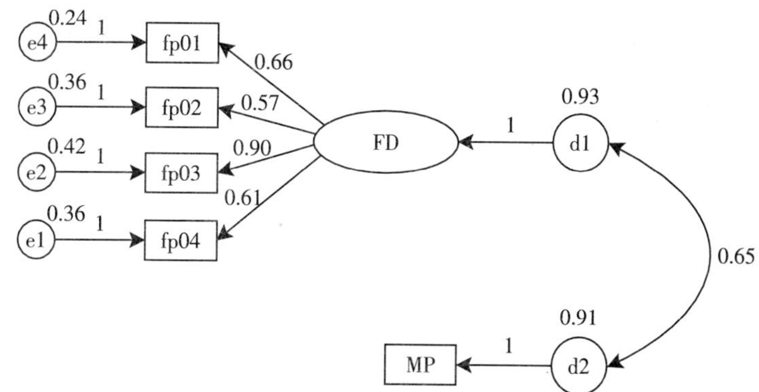

图 7-6　企业绩效量表验证性因子分析模型

量表总体的 Cronbach α 系数为 0.864。从观测变量的可靠性指标来看，其取值范围在 0.7~0.8，整体水平在 0.5 以上。综上所述，该概念量表具有较好的可靠性。所以，上述检验结果证实了企业绩效概念具有较好的有效性和可靠性。

7.3.6　实证模型检验

1. 模型的设定

在整个实证模型中主要的研究变量可以设定为一阶潜变量。其中，服务制造整合可以看做外生潜变量，而竞争优势、顾客绩效以及企业绩效可以看做内生变量。同时，根据研究内容可知，企业绩效是结果变量，竞争优势和顾客绩效是为了便于研究所设定的中介变量，因此该模型属于结构方程模型中的中介模型。为了提高模型的简效性，我们采用在验证性因子分析中所得到的结果，将对应的每个因子的观测题项打分值进行加权平均，最终得到的值作为该因子的组合分值。

整个模型共有 10 个观测变量，数据点为 47 个，模型的路径示意如图 7–7 所示。实证模型的设定条件如下所示：

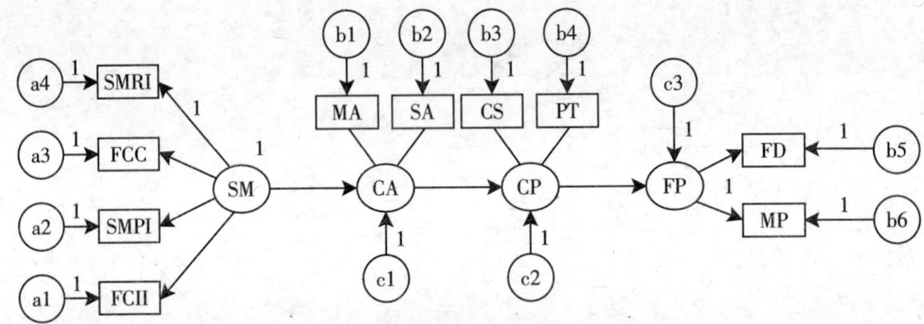

图 7–7　服务制造整合实证模型构建

（1）模型中有一个外生变量服务制造整合（SM）以及竞争优势（CA）、顾客绩效（CP）、企业绩效（FP）三个内生变量。同时与潜变量相关的观测变量共有 10 个，其中包含了 4 个外生测量变量（SMRI、FCC、SMPI、FCII）以及 6 个内生测量变量（MA、SA、CS、PT、FD、MP）。

（2）模型中有 4 个外生测量残差（a1~a4），6 个内生测量残差（b1~b6），3 个解释残差（c1~c3），其方差被自由估计。

（3）每个测量变量仅受单一潜在变量的影响，所以共有 4 个外生测量变量的因素负载系数，以及 6 个内生测量变量负载系数。

（4）为了使潜在变量的尺度能够确定，采用固定负载法将各潜在变量的第一个因素负载量设定为 1，所以共有 4 个因素负载量被设定为 1。

（5）指向潜变量的残差项之间彼此不相关，潜变量的残差项与测量误差之间彼此不相关，模型干扰项与外生潜变量之间不相关。

根据 Bollen（1989）的模型识别原则，对该实证模型进行分析。首先，检验数据点的数目是否多于自由参数数目。模型中需要估计的自由参数数目为 23，少于数据点数量 47，所以符合上述要求。其次，模型的内生和外生变量至少有两个及以上的观测变量，且变量之间不存在双向的因果关系，在这种条件下可以被认定为递归模型。经过上述验证，该实证模型均符合识别必要条件，可以进行进一步研究。

2. 模型的设定

应用 AMOS 软件，对模型进行拟合检验，其检验结果如表 7-15 所示。首先，模型中的潜变量与测量变量的完全标准化负载系数都为正，系数值范围为 0.51~1.0，整体在 0.6 以上，且具有显著性（$p<0.01$）。同时测量变量的可靠性指标 R^2 值在 0.5 以上。以上结果表明，结构方程模型中的概念构建具有良好的有效性和可靠性。

表 7-15 模型拟合指标

拟合指标	假设模型	饱和模型	独立模型
Chi-Square	178.686	0.000	668.574
df	34	0	45
P	0.000		0.000
RMSEA	0.078		0.220
GFI	0.861	1.000	0.320
NFI	0.785	1.000	0.000
IFI	0.826	1.000	0.000
CFI	0.822	1.000	0.000
AGFI	0.795		0.169
NNFI	0.697		0.000
PNFI	0.576	0.000	0.000
PGFI	0.526		0.262
EVCI	1.392	0.815	5.101
AIC	187.859	110.00	688.574
CAIC	237.937	325.196	727.700

3. 模型因果关系分析

根据实证模型的路径分析，结果如图 7-8 所示，可以得到以下结论：

（1）“服务制造整合”在 0.001 的显著性水平下对“竞争优势”产生正向影响，其标准化路径系数为 0.77（$p < 0.01$），假设 H1 成立；

（2）“竞争优势”在 0.001 的显著性水平下对“顾客绩效”产生正向影响，其标准化路径系数为 0.9（$p<0.01$），假设 H2 成立；

（3）“顾客绩效”在 0.001 的显著性水平下对“企业绩效”产生正向影响，其标准化路径系数为 0.98（$p<0.01$），假设 H3 成立。

4. 模型结果讨论

通过对服务制造整合实证模型的分析，得到了一些重要的地结论。下面分别就这些结论展开探讨。

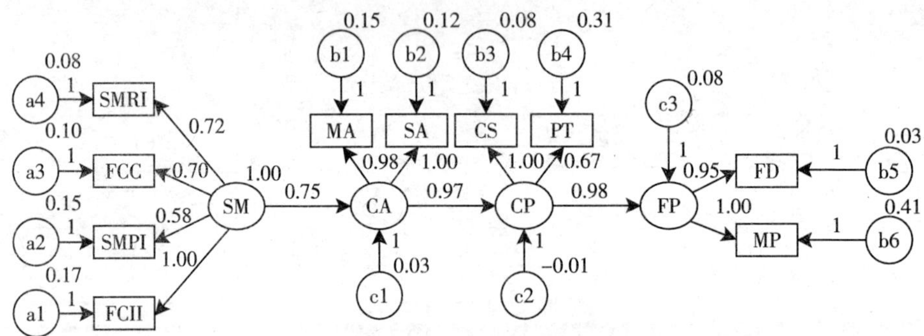

图 7-8 服务制造整合实证模型路径分析

第一，实证模型的检验结果表明，服务制造整合与企业绩效之间的关系符合我们早期的理论假设，呈正向关系。由此可以看出，国内的制造业已经在向服务型制造阶段过渡，而且已经在一定程度上采用与服务企业合作、整合流程和信息等手段来增强企业的竞争力。自从服务型制造的理念提出以后，学术界对这一概念有过一些问题的争论：服务型制造是一种先进制造方法还是一种新的企业商业竞争模式，服务型制造网络的建立对企业的整体的竞争优势有什

么样的影响等。本书以国内部分制造企业为调查研究对象，研究的结果为中国制造企业的服务制造整合的实践活动提供理论支持。但是过分夸大服务制造整合在整个企业绩效提升中的作用也不可取，本研究结论只表明服务制造整合、竞争优势、顾客绩效和企业绩效四个概念变量之间存在着由于调研的样本数据的数据特征所带来的因果关系。但是，由于在整个整合机制的研究中还有一些概念变量（比如技术研发等）对企业绩效的影响还没有涵盖进来，所以有关服务制造整合影响机制还有待进一步的研究。

第二，在对服务制造整合概念变量进行测量并进行探索性因子分析过程中，我们发现该概念有四个测量维度：服务制造资源整合、服务制造流程整合、企业与顾客流程整合、企业与顾客信息整合。这种维度结构验证了论文提出的服务型制造网络资源整合机制。服务型制造网络是企业实现服务型制造的组织形式，它由制造企业、服务企业、顾客三方构成。由制造企业提供的有形产品以及服务企业提供的无形的服务组合而成顾客需要的产品服务系统。所以在这个过程中，三方必须进行流程和信息的整合，来帮助实现整个网络资源的有效利用。国内制造业也更倾向于通过向其客户提供大量相关的产品服务，建立产品服务系统的优势，来获取更好的企业绩效。国内的程控交换机制造业的领头企业华为公司就是在产品制造的基础上通过其发达的服务体系，向顾客提供全方位和及时的服务，取得良好的效果。

第三，在对企业竞争优势概念变量进行测量并进行探索性因子分析过程中，我们发现该概念有两个测量维度：生产性优势和服务性优势。这种维度结构与以往的对制造企业的测量维度结构有所不同。由于制造企业以提供有形产品为主，一般测量只注重有形产品生产过程中所建立的优势，但是随着服务型企业的整合，建立基于有形产品的服务性的优势对于制造企业的竞争力评价可能具有更为重要的作用。当然这一新的研究问题有待进行下一步研究，可以通过完善两个维度的测量内容建立一套适合服务型制造企业竞争力评价的质量工具。

7.4 本章小结

本章从网络运作的视角，首先界定了服务型制造网络整合的内涵，并将服务型制造网络构建分为流程整合和信息整合两种方式。同时，从企业内外资源整合、企业内外核心能力整合、企业知识整合和企业间的学习、供应链企业间关系的协调和企业间交易成本的降低等方面，分析服务型制造网络构建对网络组织及企业绩效带来的影响。在此基础上，针对国内制造企业进行实证研究，最终得到：服务制造整合通过竞争优势和顾客绩效两个中介变量对企业绩效概念变量有正向影响作用的结论。

8 结论与展望

8.1 本书主要研究结论

国际国内经验表明，制造业的外部环境正发生着显著变化。经济的全球化程度日益加深、人类面临的资源与环境压力与挑战越来越大，顾客需求进一步复杂化，企业竞争的形式不断发展。正是在这种环境条件下，服务型制造作为一种新型的生产组织方式，不断得到重视和发展。为提高我国企业的竞争优势，满足社会可持续发展，构建整合制造和服务资源的服务型制造网络组织，已经成为先进制造领域急需解决的理论与实践问题。为此，本书以促进制造企业转型为目的，以服务型制造网络为研究对象，围绕服务型制造网络应该具备什么样的特征、服务型制造网络形成机理是什么、在服务型制造网络协调过程中包含那些层面的内容、服务型制造网络整合对企业绩效有哪些影响等问题进行了规范和实证研究。本书主要研究结论如下：

（1）通过文献综述，对网络系统的结构功能分析，得出服务型制造网络是在服务与制造相融合的环境下由各种利益相关者，通过市场机制，以资源（原料、信息、资金、人才）的优化配置以及综合利用为纽带形成的一个特定的生态网络组织。

第一，分析了服务型制造网络的内涵。通过借鉴学者关于服务型制造的研究成果，指出服务型制造网络内涵的四个方面：一是目标，服务型制造网络建立的最终目的是通过提供更有效率的产品和服务来实现经济、社会和环境效益的最大化；二是结构，服务制造网络主要由制造企业集群、服务企业集群以及消费者集群构成；三是功能，是它将制造与服务环节高度融合，由制造企业提供工艺流程级的服务性生产活动，由服务企业提供覆盖产品全生命周期的生产性服务活动，合作完成产品服务的生产过程，共同为顾客提供产品服务系统整体解决方案；四是特征，服务型制造网络具有增值性、合作性、开放性、自适应性、动态性以及复杂性的特征。

第二，对服务型制造网络的实践模式进行了梳理和评述。一是服务型制造网络的组织模式，表现为服务型制造网络涵盖了传统的服务及制造的范畴，但是它与传统的供应链不同，并不去追求纵向一体化，而是在相互的动态协作中自发形成资源优化配置，呈现出动态稳定的网络组织形式；二是服务型制造网络的生产模式，表现为顾客的主动参与到由制造企业和服务企业共同组织的产品服务系统的生产过程中，从而使作为被动接收者的顾客在服务型制造网络中转变成为合作生产者；三是服务型制造网络的经营盈利模式，盈利方式由主要关注产品转为主要关注依附在产品的服务，服务型制造网络将向下游提供依附在产品上的服务组合作为主要盈利模式。

（2）在相关理论分析的基础上，从网络组织和共生体的角度对服务型制造网络形成的机理进行分析，得出服务型制造网络的形成是受多种因素作用的结果。

第一，分析了服务型制造网络外在促进机制。通过归纳分析得到外在促进因素包括以下三个方面：一是成本推动因素，参与到网络组织中可以使企业在降低生产成本、交易成本的同时，获得集聚效应；二是效益拉动因素，由于网络组织共生集聚效应的存在，使企业由于规模经济和范围经济而受益；三是环境取向因素，服务型

制造网络对产品服务系统的去物质化要求，在相当程度上减少了超出环境承载力带来的风险。

第二，分析了服务型制造网络内在生成机制。系统的复杂性是服务型制造网络生成的内在动力之源，正是系统复杂性的存在才使自组织机理和协同机理在服务型制造网络的形成过程中得以体现。

（3）在相关研究基础上，本书提出了服务型制造网络利益协调模型，[195] 并从产品服务系统的形成和消费过程，将服务型制造网络利益协调划分为内部协调和外部协调。最终得出在服务型制造网络中可以通过建立契约关系协调双方的利益内容，以产生整体网络组织的一致性，并实现整个网络的预期目标。

第一，内部协调主要分析在四种不同状态下服务商和制造商的利益协调关系。最终得出：制造商有增加服务商数量的激励，而且服务商数量越多，不仅制造商还有整个服务型制造链的整体收益也越好。具体表现在服务商的数量由 1→m+1→n 的变化，使整个服务型制造链的收益逐步增加。但是仅仅靠服务商市场的完全竞争仍然难以达到整个链条的最优，只有通过服务商和制造商的融合（一体化行为）才能达到最优的状态。

第二，外部协调是研究供应商与消费者之间的利益协调机制。在考虑节约成效与努力水平具有相关性的前提下，在服务型制造网络外部协调中采用基于回馈与惩罚策略的节约共享契约时，[196] 可以实现系统整体收益最大化。

（4）在分析组织关系的基础上，应用可拓识别方法建立服务型制造网络核心企业的识别过程，应用罗杰斯特模型通过对网络组织中相关利益主体的生态效率分析，得出服务型制造网络可以通过组织内各主体的关系协调来提高资源的有效配置以及提升系统的整体生态效率。[197]

第一，服务型制造网络核心企业识别。[198] 服务型制造网络是通过某种共同利益所产生的凝聚力把众多企业联系起来的一种网络组织。构成网络组织的所有成员都应该共享组织的所有资源。但是，服务型制造网络所拥有的资源都是有限的，它不可能在所有的成员中平等的分配资源。实践表明，服务型制造网络运作的好坏以及整个服务型制造网络竞争力的大小，在很大程度上取决于服务型制造网络各成员对自己核心状态的清楚定位。因此，识别出服务型制造网络中的核心企业，对于优化配置内部资源、整合利用外部资源有着非常重要的作用。

第二，服务型制造网络生态效益增长均衡分析。[199] 以服务型制造网络为研究对象，假定服务型制造网络中只存在制造商、服务商和消费者三个主体，运用 Logistic 模型研究服务制造网络中制造企业与服务企业的融合促使整体生态效益增长的情况，得到了服务与制造的融合对提高整个网络组织的生态绩效有较好效果的结论。

（5）在建立服务型制造网络整合机制理论框架的基础上，对服务型制造网络整合对绩效影响进行理论分析，并以国内部分制造企业的问卷调查进行了实证检验。最终得出服务制造整合通过竞争优势和顾客绩效中介变量对企业绩效有正向影响作用的结论。

第一，对服务型制造网络整合对绩效的影响机制进行了理论分析。一是服务型制造网络促进企业内外资源的整合；二是服务型制造网络促进企业内外核心能力的整合；三是服务型制造网络促进企业间学习和知识的整合；四是服务型制造网络促进企业间伙伴关系的建立；五是服务型制造网络促进交易成本的降低。

第二，对服务制造整合对企业绩效影响模型进行了实证检验。根据理论分析，提出服务制造整合应该对企业绩效有积极显著的影响的假设。为了更加容易地分析服务型制造网络整合和企业绩效之间的关系，在两个变量之间引入竞争优势和顾客绩效作为中介变量，来细化服务制造整合与企业绩效之间的相关分析。应用克朗巴赫系数、探索性因子分析、验证性因子分析对量表的信度和效度进行检验，并用主成分分析方法提取因子。最后应用结构方程模型对

研究假设进行检验，得出服务制造整合对竞争优势有正向影响，企业竞争优势对顾客绩效有正向影响，顾客绩效对企业绩效有正向影响。

8.2 未来研究展望

服务型制造是一个全新的学术研究领域。因此，尽管当前关于服务型制造的结构设计、含义解读的研究成果非常丰富，但关于服务型制造网络组织关系的研究成果尚显不足。服务型制造网络是一个复杂的网络系统，所以相关的研究也是一个复杂性问题研究。该领域涉及生态学、管理学与系统工程等学科，需要综合各种优化的定量方法。尽管本书已对服务型制造网络做了较为系统的研究，但仍然还有一些问题有待进一步深化。

（1）服务型制造网络系统的绩效评价问题十分重要，它是检验系统运行效率的重要依据。本书从整合机制角度分析了服务制造整合对企业绩效的影响机制，但缺乏针对整个网络组织运行的绩效评价，这会对服务型制造网络的实施效果产生一定影响，因此，建立科学全面的服务型制造网络系统的绩效评价指标体系，是可以进一步研究的方向。

（2）本书国内部分制造企业为研究对象进行研究，结论为制造企业向服务型制造企业转型提供了实证支持。但是本书只表明服务制造整合、竞争优势、顾客绩效和企业绩效四个潜变量之间存在着由于调研的样本数据所带来的稳定的因果关系，还存在技术、研发等其他中介变量对企业绩效的影响还没有考虑，所以服务制造整合作用还有待进一步研究。总之，服务型制造网络的研究和实践工作都在不断进步中，其理论体系也会不断完善丰富。

附　录

调查问卷

受访者信息

姓名：	E-mail：

企业情况

企业名称：	所属行业：□ 电器机械及器材制造业　□通信设备、计算机及其他电子设备制造业　□交通运输设备制造业　□通用、专用设备制造业　□办公机械、仪表　□纺织服装　□石油、化学、塑胶、塑料　□医药、生物制品　□食品饮料　□金属、非金属

填写说明：

本问卷的答案无所谓“对”或“错”，请根据贵公司实际情况，如实、客观地在最恰当的答案上画上圈“○”。

数字1~5代表您对某个问题的不同态度，如1代表非常差（非常不满意），3代表中间态度，5代表非常好（非常满意），其他依次类推。

除特别注明外，各个问题都是单选。

答题举例

与竞争对手相比，贵公司建立的业务分包信息系统快速有效的程度如何？	1　2　③　4　5 非常差　一般　非常好

一、企业服务制造整合状况评价

说明：请您与同行业竞争对手相比，对本企业与服务商以及顾客资源整合状况作出最恰当的评价。

1. 与竞争对手相比，贵公司建立的与物流、销售等服务企业进行信息共享或者交换的网络情况如何？	1 2 3 4 5 非常差 一般 非常好
2. 与竞争对手相比，贵公司建立的业务分包信息系统快速有效的程度如何？	1 2 3 4 5 非常差 一般 非常好
3. 与竞争对手相比，贵公司建立的供应商管理信息系统效果如何？	1 2 3 4 5 非常差 一般 非常好
4. 与竞争对手相比，贵公司与物流、销售等关键服务商建立战略联盟的效果如何？	1 2 3 4 5 非常差 一般 非常好
5. 与竞争对手相比，贵公司在设计、采购与制造流程中关键服务商的参与程度如何？	1 2 3 4 5 非常差 一般 非常好
6. 与竞争对手相比，贵公司定期与关键服务商对双方流程整合的效果如何？	1 2 3 4 5 非常差 一般 非常好
7. 与竞争对手相比，贵公司建立的与顾客进行信息共享或者交换的网络的情况如何？	1 2 3 4 5 非常差 一般 非常好
8. 与竞争对手相比，贵公司提供方便顾客的产品服务定购信息系统效果如何？	1 2 3 4 5 非常差 一般 非常好
9. 与竞争对手相比，贵公司建立的顾客管理信息系统有效程度如何？	1 2 3 4 5 非常差 一般 非常好
10. 与竞争对手相比，贵公司在战略上针对不同顾客提供合适的产品服务情况如何？	1 2 3 4 5 非常差 一般 非常好
11. 与竞争对手相比，贵公司在与顾客联系以获取对产品服务的反馈的情况如何？	1 2 3 4 5 非常差 一般 非常好
12. 与竞争对手相比，贵公司在定期对顾客进行跟踪调查以了解顾客的消费动向方面投入如何？应该打几分？	1 2 3 4 5 非常低 一般 非常高
13. 与竞争对手相比，贵公司与顾客建立战略伙伴关系，定期向顾客传达企业发展方向方面投入如何？应该打几分？	1 2 3 4 5 非常低 一般 非常高

二、企业竞争优势状况评价

说明：请您与同行业竞争对手比较，对本企业的竞争优势作出最恰当的判断。

1. 与竞争对手相比，贵公司有能力向顾客提供高质量的产品服务的情况如何？应该打几分？	1 2 3 4 5 非常差 一般 非常好
2. 与竞争对手相比，贵公司有能力向顾客提供具有价格竞争力的产品服务的情况如何？应该打几分？	1 2 3 4 5 非常差 一般 非常好
3. 与竞争对手相比，贵公司具有较高的生产柔性能力，能够提供满足顾客独特需求的产品服务的情况如何？应该打几分？	1 2 3 4 5 非常差 一般 非常好
4. 与竞争对手相比，贵公司能不断地引进新产品和新服务保证稳固的竞争地位的情况如何？应该打几分？	1 2 3 4 5 非常差 一般 非常好
5. 与竞争对手相比，贵公司有良好的伙伴关系能保证产品服务供给的稳定性的情况如何？应该打几分？	1 2 3 4 5 非常差 一般 非常好
6. 与竞争对手相比，贵公司对市场需求快速反应的情况能力如何？应该打几分？	1 2 3 4 5 非常差 一般 非常好

三、顾客的满意度和忠诚度评价

说明：请您与同行业竞争对手比较，对本企业顾客的满意度和忠诚度水平作出最恰当的判断。

1. 与竞争对手相比，贵公司的顾客对企业产品服务的整体的满意水平如何？应该打几分？	1 2 3 4 5 非常差 一般 非常好
2. 与竞争对手相比，贵公司的顾客在购买企业的某种产品服务后，选择企业其他品种产品服务的比率如何？应该打几分？	1 2 3 4 5 非常差 一般 非常好
3. 与竞争对手相比，贵公司的产品服务价格上涨使顾客减少购买该产品服务的程度如何？应该打几分？	1 2 3 4 5 非常差 一般 非常好
4. 与竞争对手相比，贵公司的顾客在购买企业的某种产品服务后，继续选择购买企业该品种产品服务的比率如何？应该打几分？	1 2 3 4 5 非常差 一般 非常好

四、企业业绩评价

说明：请您与同行业竞争对手比较，对本企业绩效状况作出最恰当的判断。

销售利润率 = 利润总额/销售收入

资产收益率 = 利润总额/资产总额

1. 近三年，贵公司的总利润水平与同业相比较怎么样，应该打几分？	1 2 3 4 5 非常差　一般　非常好
2. 近三年，贵公司销售利润率与同业相比较怎么样，应该打几分？	1 2 3 4 5 非常差　一般　非常好
3. 近三年，贵公司资产收益率与同业相比较怎么样，应该打几分？	1 2 3 4 5 非常差　一般　非常好
4. 近三年，贵公司市场份额增长率与同业相比较怎么样，应该打几分？	1 2 3 4 5 非常差　一般　非常好
5. 近三年，贵公司整体竞争地位与同业相比较怎么样，应该打几分？	1 2 3 4 5 非常差　一般　非常好

问卷到此结束，您只要将问卷装入信封寄回或通过电子邮箱回复即可，谢谢合作！

参考文献

[1] UNEP. The role of product service systems in a sustainable society [EB/OL]. [2010-09-13]. http: //www.unep.fr/scp/design/pdf/pss-brochur-final.pdf.

[2] M. Merier, M. Krug, Industrial Product-Service system-IPS2 [J]. CIRP AnnalsManufacturing Technology, 2010, 59 (2): 607-627.

[3] J.Aurich, E.Schweitzer, Life cycle management of industial product-service sytem [C]. Proceedings of the 14th CIRP conference. Berlin. Germany: Spring-Verlag, 2007: 171-176.

[4] S.Evans, P.Partidario, Industialization as a key element of sustainable product -service solutions [J]. International Journal of Production Research, 2007, 45 (18/19): 4225-4246.

[5] Goedkoop, M.J.Van Halen, Product Service Systems: Ecological and Economic Basics [D]. Report for Dutch Ministries of Environment (VROM) and Economic Affairs (EZ), 1999.

[6] O. Mont, Clarifying the Concept of Product Service System [J]. Journal of Cleaner Production 2001 (10): 237-245.

[7] E.Manzini, C.Vezzoli, A strategic design approach to develop sustainalbe product service system: example taken from the " environmentally friendly innovation" Italia prize [J]. Journal of Cleaner Production, 2003, 11 (8): 851-857.

[8] Tukker. A, Eight types of product-service system: Eight ways to sustainability? Experiences from Suspronet [J]. Business Strategy and the Environment, 2004, Vol.13, No. 4: 246-260.

[9] Tukker, A. and Tischner, "Product-services as a research field: past, present and future. Reflections from a decade of research" [J]. Journal of Cleaner Production, 2006. Vol. 14, No. 17, pp. 1552-1556

[10] Tukker, A. and Tischner, u. A Practical Guide for PSS Development. in Tukker, A. and Tischner, u. (eds.) New Business for Old Europe, Ist ed, Greenleaf. Sheffield; UK, 2006: 375-393.

[11] T.S. Baines, H.W. Lightfoot, S.Evans, etal.State-of-the-artinproduct-servicesystems [J]. Proceedings of the Institution of Mechanical Engineers, Part B: Journal of Engineering Manufacture. 2007, 221 (10): 1543-1552.

[12] 江平宇，朱琦琦. 产品服务系统及其研究进展 [J]. 制造业自动化，2008，30 (12)：10-17.

[13] 孙林岩，高杰等. 服务型制造：新型的产品模式与制造范式 [J]. 中国接卸工程，2008，19 (21)：2600-2608.

[14] 顾新建，李晓，祁国宁等. 产品服务系统理论和关键技术探讨 [J]. 浙江大学学报（工学版），2009. 43 (12)：2237-2243.

[15] 江平宇，朱琦琦，张定红. 工业产品服务系统及其研究现状 [J]. 计算机集成制造系统，2011. 17 (9)：2071-2077.

[16] O. Mont, Product-Service Systems: Panacea or myth? [R] . in The International Institute for Industrial Environmental Economics. Lund: Lund Universit-y, 2004.

[17] O. Mont. Editorial for the special issue of the Journal of Cleaner Production on Product Service Systems [J]. Cleaner Production. 2003, 8 (11): 815-817.

[18] O. Mont and A Tukker. Product–Service Systems: reviewing achievements and refining the research agenda [J]. Cleaner Production. 2006, 14 (17): 1451–1454.

[19] O.Mont, 2000. Product–Service Systems [D]. Stockholm, Swedish EPA, AFR–report 288: 83.

[20] O.Mont, C Dalhammar, N Jacobsson.A new business model for baby prams based on leasing and product remanufacturing [J]. Journal of Cleaner Production, 2006 (14): 1509–1518.

[21] O. Mont and Lindhqvist, T. The Role of Public Policy in Advancement of Product Service Systems [J]. Journal of Cleaner Production. 2003, 11: 905–914.

[22] Tukker, A. and Tischner, U. (2006), "A Practical Guide for PSS Development" [R]. in Tukker, A. and Tischner, U. (eds.) New Business for Old Europe, 1sted, Greenleaf, Sheffield; UK, pp. 375–393.

[23] 刘和东，薛跃. 基于产品服务系统的绿色供应链研究 [J]. 工业技术经济，2007 (7): 62–64.

[24] 楚丽明，袁波，万融. 基于环境和经济综合考虑的产品服务系统 [J]. 环境保护，2003 (12): 54–57.

[25] 薛跃，许长新. 整合产品服务系统——实现循环经济的新途径 [J]. 价值工程，2006 (4): 1–4.

[26] R.Roy. Sustainable product–service systems [J]. Futures, 2000, 32 (3/4): 289–299.

[27] Helma Luiten, Marjolijn Knot, Sustainable Product–Service Systems: the Kathalys method [J]. 2001, Vol.11, No. 8: 835–839.

[28] Komoto H, Tomiyama T, et al. Life cycle simulation for analyzing product service systems [J]. Fourth International Symposium on Environmentally Conscious Design and Inverse Manufacturing, Eco

Design，2005：386-393.

［29］ L Krucken， A Meroni， Building stakeholder networks to develop and deliver product-service-systems：practical experi ences on elaborating pro-active materials for communication ［J］. Journal of Cleaner Production，2006 （17）：1502-1508.

［30］ 林小芬. 可持续性发展设计中的产品服务系统设计［J］. 消费导刊，2007 （11）：193.

［31］ Lee HuiMien， Lu WenFeng， Robert Gay Kheng Leng， A framework for integrated manufacturing and product service system：Integrating service operations into product life cycle ［J］. International Journal of Services Operatio-ns and Informatics. 2007（2）：81-101.

［32］ N.Morelli，Developing new product service systems （PSS）：methodologies and operational tools ［J］. Journal of Cleaner Production，2006 （17）：1495-1501.

［33］ Stoughton.M，Votta.T，Implementing service-based chemical procurement：lessons and results ［J］. Journal of Cleaner Production，2003，Vol.11，No. 8：835-839.

［34］ White. A.L，Stoughton.M and Feng.L，Servicizing：The Quiet Transition to Extended Product Responsibility ［R］. Tellus Institute，Boston，1999.

［35］ Reiskin E.D， and White A.L，. Servicizing the hemical Supply Chain［J］. Journal of Industrial Ecology，2000（3）：19-31.

［36］ Corbett J M. Advanced Manufacturing Tech-nology and work Design：Towards Theoretical Framework ［J］. Journal of Organizational Behavior，2008（3）：201-218 .

［37］ 宋高歌，黄培清，基于产品服务化的循环经济发展模式研究［J］. 中国工业经济，2005（5）：13-20.

［38］ 宋高歌，黄培清，宋向前.产品服务系统中的契约合同结

构选择［J］. 统计决策，2007（24）：45–47.

［39］宋高歌，帅萍，黄培清. 基于资源消耗家量化的转移定价机制研究［J］. 价格理论与实践，2006（5）：66–67.

［40］宋高歌. 基于资源节约的产品服务系统协调机制研究［D］.上海交通大学博士论文，2007.

［41］刘新艳. 产品服务系统（PSS）的效率分析［J］. 统计与决策，2009（17）：183–184.

［42］Yadav，M.etc. McGriff Treading Company Implements Service［J］. Contracts with Shared Savings，Interfaces，2003，6（33）：18–29.

［43］赵永耀，秦志光，宋高歌等. 基于资源节约的产品服务系统共享契约研究［J］. 管理学报，2010，7（5）：702–705.

［44］Sorrell，S. The Economics of Energy Service Contracts［Z］. Tyn–dall Center，2005.

［45］陈梦冰，崔铁宁. 功能经济下产品服务系统的企业竞争优势研究［J］. 物流经济，2009（36）：43–46.

［46］朱琦琦，江平宇，张朋等.数控加工装备的产品服务系统配置与运行体系结构研究［J］. 计算机集成制造系统，2009，15（6）：1140–1147.

［47］Andrew Williams，Product service systems in the automobile industry：contribution to system innovation［J］. Cleaner Production. 2001（15）：1093–1103.

［48］K.Besch. Product–service systems for office furniture：barriers and opportunities on the European market［J］. Cleaner Production. 2005，13（10~11）：1083–1094.

［49］D T Pham，S S Dimov，B J Peat. Intelligent Product Manuals［J］. Journal of Systems&Control Engineering. 1999，213（1）：65–76.

[50] Warnecke G, Schülke, P. Design of Preventive Customer Service Processes [J]. Production Engineering. 2000, 7 (2): 75-78.

[51] D T Pham, R M Setchi.Adaptive Product Manuals[J]. Journal of Mechanical Engineering Science. 2000, 214 (8): 1013-1018.

[52] N Morelli. Product-service systems, a perspective shift for designers: A case study: the design of a telecentre [J]. Design Studies.2003, 24 (1): 73-99.

[53] L.Krucken, A.Meroni. Building stakeholder networks to develop and deliver product-service-systems: practical experiences on elaborating pro-active mat-erials for communication [J]. Journal of Cleaner Production. 2006, 14 (17): 1502-1508.

[54] N Morelli. Developing new product service systems (PSS): methodologies and operational tools [J]. Journal of Cleaner Production. 2006, 14 (17): 1495-1501.

[55] E.Sundin, T.sakao. From component to system solution supplier: Strategic warranty management as a key to efficient integrated product/service engineering [J]. Journal of Manufacturing Technologh, 2010, 59 (3): 183-191.

[56] MATHIEU V. Service strategies within the manufacturing sector: benefits, costs and partnership [J]. International Journal of Service Industry Management, 2001, 12 (5): 451-475.

[57] 刘英姿，胡青松. 基于灰聚类的企业服务运作管理评价模型及应用 [J]. 厦门大学学报：自然科学版，2003，42 (S1)：41-45.

[58] HYTONEN V. A model for value-based pricing of industrialservices [D]. Helsinki, the Netherlands: Helsinki University of Technology, 2005.

[59] KHENDEK, ZHENG T. Modeling and analysis of value added services using message sequence charts [J]. Journal of Network and Computer Applications, 2008, 31 (3): 338-356.

[60] 郑彦翀, 范玉顺. 基于工作流元模型的作业成本分析法研究 [J]. 计算机集成制造系统, 2007, 13 (1): 178-184.

[61] 杨春立, 于明. 生产性服务与制造业价值链变化的分析 [J]. 计算机集成制造系统, 2008, 14 (1): 450-456.

[62] 任建. CNC 机床 iPSS 生命周期成本分析与成本估算研究 [D]. 西安: 西安交通大学, 2010.

[63] 孙林岩, 李刚, 江志斌, 郑力, 何哲. 21 世纪先进制造模式: 服务型制造 [J]. 中国机械工程, 2007, 18 (19): 2307-2312.

[64] 李刚, 孙林岩, 高杰. 服务型制造模式的体系结构与实施模式研究 [J]. 科技进步与对策, 2010, 27 (7): 45-50.

[65] 林文进, 江志斌, 李娜. 服务型制造理论研究综述 [J]. 工业工程与管理, 2009, 14 (6): 1-6.

[66] 王景峰, 王刚等. 基于产品结构的制造服务链构建研究 [J]. 计算机集成制造系统, 2009, 15 (6): 1222-1230.

[67] 张在房, 褚学宁. 面向生命周期的完整产品总体设计方案决策研究 [J]. 计算机集成制造系统, 2009, 15 (5): 833-841.

[68] 张建华. 服务驱动的制造网格系统 [J]. 系统工程, 2008, 26 (4): 88-93.

[69] 袭著燕, 郑波, 孙林岩. 服务型制造战略——破解山东省制造业不强服务业滞后之道 [J]. 山东大学学报, 2009 (1): 110-119.

[70] 国蓉, 何镇安. FNN 的服务型制造企业供应商选择 [J]. 西安工业大学学报, 2011, 31 (4): 340-344.

[71] 何哲, 孙林岩, 朱春燕. 服务型制造的概念、问题和前瞻

[J]. 科学学研究，2010，28（1）：53–60.

[72] 佘再玲. 服务型制造的内涵与运行机理研究 [J]. 中国石油大学胜利学院学报，2010，25（2）：89–91.

[73] 李刚，孙林岩，李健. 服务型制造的起源、概念和价值创造机理 [J]. 科技进步与对策，2009，26（23）：68–72.

[74] 何哲，孙林岩，贺竹磬，李刚. 服务型制造的兴起及其与传统供应链体系的差异 [J]. 软阿学，2008，22（4）：77–81.

[75] 罗建强，赵艳萍，宋华明. 服务型制造环境下延迟策略实施机理及实证分析 [J]. 中国机械工程，2010，21（22）：2693–2698.

[76] 林文进，江志斌，李娜. 服务型制造理论研究综述 [J]. 工业工程与管理，2009，14（6）：4–6.

[77] 崔嘉琛，林文进，王帅，江志斌. 服务型制造模式下的顾客价值传递机制研究 [J]. 工业工程与管理，2011，16（4）：103–107.

[78] 武晓青，杨明顺，高新勤，巴黎. 服务型制造模式与运行框架研究 [J]. 工业工程与管理，2011，16（2）：82–86.

[79] 冯良清，马卫. 服务型制造网络价值模块结点的可拓综合评价 [J]. 科技进步与对策，2011，28（17）：124–128.

[80] 何哲，孙林岩，高杰，李刚. 服务型制造在大型制造企业的应用实践 [J]. 科技进步与对策，2009，26（9）：106–108.

[81] 王康周，江志斌，李娜，耿娜. 服务型制造综合资源计划体系研究 [J]. 工业工程与管理，2011，16（3）：113–120.

[82] 陈湛匀. 跨国公司对服务性制造价值形成研究之我见 [J]. 管理世界，2010，（11）：176–177.

[83] 王明微，张树生，周竞涛. 面向服务型制造的协同业务流程构建框架 [J]. 计算机集成制造系统，2010，16（11）：2537–2543.

［84］汪应洛. 推进服务型制造：优化我国产业结构调整的战略思考［J］. 西安交通大学学报（社会科学版），2010，30（2）：26-31.

［85］赵益维，陈菊红，姚树俊. 知识管理视角下的服务型制造创新机制研究［J］. 中国科技论坛，2010（10）：34-39.

［86］Cohen S，Zysman J. Manufacturing Matters：the Myth of the post industial economy［M］. New York：Basic Book，1987.

［87］Drucker P E. The Emerging Theory of Manufacturing［J］. Harvard Business Review，1990，68（3）：94-102.

［88］Porter M. The Copetitive Advantage of Nations［M］. New York：The Free Press. 1990.

［89］Pappas N，Sheehan P. The New Manufacturing：Linkages Between Productio-n and Services Activities，Working for the Future：Technology an Employ-ment in the Global Knowledge Economy［M］. Melbourne：Victoria University Press，1998.

［90］Drucker，P.E. The Future of Manufacturing［J］. Inter- view for Industry，1998（9）：9-16.

［91］Devall A，Vandenberg M. Producer services economy geography and services tradability［J］. Journal of Regional Science，1999，39（3）：539-572.

［92］Marceau J，Martinez C. "Selling Solutions：Product-service Packages as Links between new and Old Economics". the DRUID summer conference on " Industrial dynamics of the new and old economy-who is embracing whom?". Copenhagen/Elsinore. 2002：pp. 6-8.

［93］蔺雷，吴贵生. 服务延伸产品差异化：服务增强机制探讨——基于 Hotelling 地点模型框架内的理论分析［J］. 数量经济技术经济研究，2005（8）：137-147.

[94] Heiko Gebauer，王春芝. 制造企业服务业务扩展及其认知因素研究 [J]. 中国管理科学，2006，14（1）：69–75.

[95] RUSTR T，MIU C. What Academic Research Tells Us About Service [J]. Communications of the ACM –Special Issue: Services Science，2006，49（7）：49–54.

[96] 蔺雷，吴贵生. 我国制造企业服务增强差异化机制的实证研究 [J]. 管理世界，2007（6）：103–113.

[97] 程巧莲，田也壮. 制造企业服务功能演变与实现路径研究 [J]. 科研管理，2008，29（6）：59–73.

[98] 杨小凯，黄有光. 专业化与经济组织：一种新兴古典微观经济学框架 [M]. 北京：经济科学出版社，2000.

[99] 何勇. 现代服务业/制造业的发展与产品服务化的关系 [J]. 商业研究，2006（21）：150–153.

[100] 陈宪，黄建锋. 分工、互动与融合：服务业与制造业关系演进的实证研究 [J]. 中国软科学，2004（10）：65–76.

[101] 李美云. 论服务业的跨产业渗透与融合 [J]. 外国经济与管理，2006，28（10）：25–33.

[102] 克里斯廷. 格罗鲁斯. 服务管理与营销：基于顾客关系的管理策略 [M]. 北京：电子工业出版社（第二版），2004.

[103] 刘继国. 制造业服务化带动新型工业化的机理与对策 [J]. 经济问题探索，2006（6）：120–124.

[104] 顾乃华，毕斗斗，任旺兵. 生产性服务业与制造业互动发展：文献综述 [J]. 经济学家，2006（6）：35–41.

[105] 蔺雷，吴贵生. 服务创新 [M]. 北京：清华大学出版社（第二版），2007.

[106] 冯泰文，孙林岩，何哲，张颖. 制造与服务的融合：服务型制造 [J]. 科学学研究，2009（06）：837–845.

[107] Jarillo J. Carlos. On Strategic Network [J]. Strategic

Management Journal, 1998, 9 (1): 31-41.

[108] Dennis Maillatetal.Innovation Networks and Territorial Dynamics: A Tentative Typology [R]. Patterns of Network Economy, Springer-Verlag, 1993.

[109] [美] 肯尼斯·普瑞斯等. 以合作求竞争 [M]. 武康平译. 沈阳：辽宁教育出版社，1998.

[110] 贾根良. 网络组织：超越市场与企业两分法 [J]. 经济社会体制比较，1998 (4)：13-19.

[111] 孙国强. 网络组织的内涵特征与构成要素 [J]. 南开管理评论，2001 (4)：38-40.

[112] 李维安等. 网络组织：组织发展新趋势 [M]. 北京：经济科学出版社，2003.

[113] 刘东等. 企业网络论 [M]. 北京：中国人民大学出版社，2003.

[114] [美] 迈克尔·波特. 竞争优势 [M]. 陈小悦译.北京：华夏出版社，1997.

[115] 杨农. 战略合作经济学：网络时代的企业生存法则 [M]. 北京：中国财政经济出版社，2004.

[116] Marshall Van Alstyne. The State of Network Organization: A Survey in Three Frameworks [J]. Journal of Organizational Computing, 1997, 7 (3): 83-151.

[117] 孙国强，叶佑晋.网络组织的形成动因及其理论阐释 [J]. 山西财经大学学报，2002，23 (3)：40-42.

[118] [美] 尼尔·瑞克曼等.合作竞争大未来 [M]. 苏怡仲译. 北京：经济管理出版社，1998.

[119] 谢科范，魏珊，桂萍. 竞争大战略 [M]. 北京：经济管理出版社，2003.

[120] Brandenburger, A.M., B.J. Nalebuff. Co-opetition [M].

New York: Doubleday, 1996.

[121] Lawrence P, Lorsh J. Diffenrention and integration in complex organizations [J]. Administrative Ssience Quarterly, 1967, 12 (1): 1-47.

[122] Stevens G C. Integrating the supply chain [J]. Inernational Journal of Physical Distribution and Materials Management, 1989, 19 (8): 3-8.

[123] Narasimhan R, Jayaram J. Causal linkafe in supply chain management: an exploratory study of North American manufacturing firms [J]. Decision Science, 1998, 29 (3): 579-605.

[124] Lee H L. Crenting value through supply chain integration [J]. Supply Chain Management Review, 2000 (4): 30-36.

[125] 霍佳震，隋明刚，刘仲英. 集成化供应链整体绩效评价体系构建 [J]. 同济大学学报（自然科学版），2002，1 (1)：79-93.

[126] 李怀政，王学军. 论物流管理与集成化供应链的融合 [J]. 江苏商论，2004，8：58-59.

[127] 张秀萍. 供应链竞争力 [M]. 北京：中国人民大学出版社，2002.

[128] 李贵春，刘冬梅. 供应链整体集成与优化研究 [J]. 现代财经，2006，26 (6)：36-39.

[129] 北京大学联泰供应链研究与发展中心. 中国供应链现状：理论与实践 [M]. 北京：北京大学出版社，2006.

[130] Das T K, Teng B S. Instabilities of strategic alliance: an internal tensions perpective [J]. Organization Science, 2000, 11 (1): 71-101.

[131] Barney J B. Firm resource and sustained competitive advantage [J]. Jaournal of Management, 1991, 17 (1): 99-120.

[132] Scott H. Management business case: management accountants

are an integral part of this process [J]. Strategic Finance, 2004, Apr: 29–34.

[133] 余光胜. 企业竞争优势根源的理论演进 [J]. 外国经济与管理, 2002, 10: 2–7.

[134] Dyer J H. Effective interfirm collaboration: How firms minimize transaction costs and maximize transaction value [J]. Stratefic Management Journal, 1997, 181 (7): 535–556.

[135] Dyer J H, Nobeaka K. Creating and managing a high perfenmance knowledg –sharing network: the Toyata case [J]. Strategic Management Journal, 2000, 21 (1): 214–311.

[136] Ahuja G. The duality of collaboration: Inducement and opportunities in the formation of interfirm linkages [J]. Strategic Management Journal, 2000b, 21 (3): 317–344.

[137] Jarillo J C. On Strategic Network [J]. Strategic Management Journal, 1998, 9 (1): 31–41.

[138] Tasy A.The quantity flexibility contract and supplier – customer inventives [J]. Management Science, 1999, 45 (10): pp. 1339–1358.

[139] Donohue K. Efficient supply contracts for fashion goods with forecast updating and two production modes [J]. Management Science, 2000, 46 (11): pp.1397–1411.

[140] 斯蒂格利茨. 契约经济学 [M]. 经济科学出版社, 1999: 13–18.

[141] 柳键, 马士华. 供应链合作及其契约研究 [J]. 管理工程学报, 2004, 1: 23–25.

[142] 冯卫民, 曾德明. 形态联盟的建立及其风险控制 [J]. 黄河水利职业技术学院学报, 2000, 12 (4): 45–47.

[143] 马士华. 论核心企业对供应链战略伙伴关系形成的影响

[J]. 工业工程与管理，2001，1：34–35.

[144] 尚玉钢. 基于信息流协调的组织和谐管理思考 [J]. 中国软科学，2001，10：12–13.

[145] 陈剑，陆今芳. 多智能自主体企业供应链系统的构建及激励机制研究 [J]. 系统工程理论与实践，2002，7：78–79.

[146] 顾基发. 物理—事理—人理（WSR）系统工程研究 [M]. 上海：上海科技教育出版社，2000.

[147] Stuart F I. Supplier Partnerships：Influenceing Factors and Strategic Benefits [J]. International Journal of Purchasing and Materials Management，1991 Fall：22–29.

[148] Walton L W. Partnership satisfaction：using the underlying dimensions of supply chain partnership to measure current and expected levels of stisfaction [J]. Journal of Business Logictics，1996，17：57–75.

[149] 杨茂盛，姜海莹. 可拓分析法在循环经济评价指标体系中的应用 [J]. 科技管理研究，2010（1）.

[150] 杨春燕. 我国管理可拓工程研究进展 [J]. 中国科学基金，2010，（1）.

[151] 周志丹，李兴森. 企业自主创新的可拓创新模型构建与应用研究 [J]. 科学学研究，2010（5）.

[152] 殷雅玉，涂振洲，王众. 基于可拓学的网络信息资源质量等级评价研究 [J]. 科技管理研究，2010（3）.

[153] 邹辉，覃正等. 一种选择模块化设计合作伙伴过程及方法研究 [J]. 工业工程，2003，6（1）：78–80.

[154] 陈菊红，汪应洛，孙林岩. 虚拟企业伙伴选择过程及方法研究 [J]. 系工程理论与实践，2001，21（7）：531–548.

[155] 戴毅茹，严隽薇. 基于市场驱动的虚拟企业伙伴选择方法 [J]. 计算机集成制造系统，2002，8（9）：710–174.

[156] 孟繁晶，邓家禔. 合作伙伴的可拓综合评价方法［J］. 计算机集成制造系统，2005，11（6）：869-874.

[157] 徐贤浩，马士华，陈荣秋. 供应链绩效评价特点及其指标体系研究［J］. 华中理工大学学报，2000，5：23-25.

[158] 倪现存，左洪福，刘明. 航材承修商可拓综合评价研究［J］. 哈尔滨工业大学学报，2006，38（7）：1168-1172.

[159] 杨春燕，蔡文. 可拓工程方法［M］. 北京：科学出版社，2007.

[160] 王秀丽，李春发. 生态工业链构建中的博弈分析［J］. 系统工程，2006，24（1）：9-12.

[161] 苑清敏，葛春景. 虚拟生态产业链的稳定性研究［J］. 生态环境，2006，15（6）：1409-1412.

[162] 赵禹骅，赵禹鹏. 增强工业生态链稳健性的方法研究［J］. 学术论坛，2006，3，94-97.

[163] 商华，武春友. 基于生态效率的生态工业园评价方法研究［J］. 大连理工大学学报（社会科学版）2007，28（2）：25-29.

[164] 吕彬. 生态效益方法研究进展与应用［J］. 生态学报，2006，26（11）：3898-3906.

[165] 王兆华，尹建华，武春友. 生态工业园中的生态产业链结构模型研究［J］. 中国软科学，2003：149-152.

[166] 张成考. 基于生态学理论的生态工业园系统模型研究［J］. 工业技术经济，2006，25（3）：84-87.

[167] 尹琦. 生态产业链的概念与应用［J］. 环境科学，2002，23（6）：114-118.

[168] 蔡晓明. 生态系统生态学［M］. 北京：科学出版社，2000.

[169] 王虹，张巍，朱远程. 资源约束条件下构建工业园区生态产业链的分析［J］. 科学管理研究.2006，24（1）：29-32.

[170] 张成考. 基于灰色理论的生态工业园综合评价模型研究 [J]. 科技管理研究，2006：264-268.

[171] 蔡小军，李双杰，刘启浩. 生态工业园共生产业链的形成机理及其稳定性研究 [J]. 软科学，2006，20（3）：12-14.

[172] 王虹，叶逊. 生态工业园中企业的动力机制分析 [J]. 环境保护，2005，（7）：72-76.

[173] 张帆，麻林巍，蓝钧，陈世杰，陈景文. 生态工业园评价方法研究：以北京市为例 [J]. 中国人口，资源与环境，2007，17（3）：100-105.

[174] Brian H Roberts. The Application of Industrial Ecology Principles and Planning Guidelines for the Development of Eco - industrial Parks: an Australian Case Study [J]. Cleaner Production, 2004, 12: 997-1010.

[175] 李强，汤俊芳，钟书华. 生态工业园评价指标体系的建构 [J]. 科学与管理，2006，4：67-70.

[176] 元炯亮. 生态工业园区评价指标体系研究 [J]. 环境保护，2003（3）：38-40.

[177] 黄鹍，陈森发，周振国等. 生态工业园区综合评价研究 [J]. 科研管理，2004（11）：92-95.

[178] Kogut B, Zander U. Knowledge of the firm, combinative capabilities and the replication of technology [J]. Organization Science, 1992, 3 (3): 383-397.

[179] Lamming R C. Beyand partnership: Strategies for innovation and lean supply [M]. Prentice Hall: Hemel henpstead, UK, 1993.

[180] Hedlund C, Nonka I. Model of knowledge management in the west and Japan [C]. Implementing Strategic Process, change and Cooperation. London: Macmillian, 1993: 117-144.

[181] Spinello R A. The knwlesdge chain [J]. Business Horizons,

1998, 41 (6): 4–14.

[182] Knight L. Network learning: exploring learning by interorganizational networks [J]. Human Relations, 2002, 55 (4): 427–454.

[183] Hakansson H, Havila V. Learning in networks [J]. Industial Marketing Management, 1999, 28 (5): 443–452.

[184] Hederson R M, Clark K M. Architectural innovation: the reconfiguration of existing product technologies and the falilure of established firms [J]. Administrative Science Quarterly, 1990, 35: 9–30.

[185] 闫二旺. 网络组织的机制、演化与形态研究 [J]. 管理工程学报, 2006, 20 (4): 120–124.

[186] Maloni M J, Benton W C. Supply chain partnerships: Opportunities for operations research [J]. European Journal of Operational Reasearch, 1997, 101: 419–429.

[187] Collier, J. E. & Bienstock, C. C. Measuring service quality in e–retailing [J]. Journal of Service Research, 2006, 8 (3): 260–275.

[188] Lee, G. G. & Lin, H. F. Customer perceptions of e–service quality in onlineshopping [J]. International Journal of Retail and Distribution Management, 2005, 33 (2/3): 161–176.

[189] Vargo, S. L. & Lusch, R. F. The four service marketing myths [J]. Journal of Service Research, 2004, 6 (4): 324–335.

[190] Payne, A. F., Storbacka, K. & Frow P. Managing the co–creation of value [J]. Journal of the Academy of Marketing Science, 2008, 36: 83–96.

[191] Ding, D. X., Hu, P. J. H., Verma, R. & Wardell, D. G. The impact of service system design and flow experience on

customer satisfaction in online financial services [J]. Journal of Service Research, 2010, 13 (1): 96-110.

[192] 侯杰泰，温忠麟，成子娟著. 结构方程模型及其应用 [M]. 北京：教育科学出版社，2004.

[193] 李怀祖. 管理研究方法论（第 2 版）[M]. 西安：西安交通大学出版社，2004.

[194] 杜强，贾丽艳编著. SPSS 统计分析——从入门到精通 [M]. 北京：人民邮电出版社，2009.

[195] Liu Bingchun, Li Jian, Hao Zhenzhen. Saving-sharing contract of product-service system based on effort factor [J]. Proceedings 2009 IEEE 16th International Conference on Industrial Engineering and Engineering Management, 2009, October: 1393-1397.

[196] 刘炳春，李健. 基于回馈与惩罚策略的资源节约共享契约模型 [J]. 统计与决策，2011 (7): 62-64.

[197] Liu Bingchun, Hao Zhenzhen. Growth equilibrium analysis of enterprise ecological benefits based on eco-industrial chain [J]. The proceedings of the 17th International Conference on IE&EM, 2010, October: 1538-1541.

[198] 刘炳春，李健. 基于可拓方法的服务型制造企业核心能力识别研究 [J]. 统计与决策，2012 (1): 184-186.

[199] 刘炳春，李健. 服务型制造网络的生态效率增长模型研究 [J]. 电子科技大学学报（社科版），2012 (2): 24-27.

后 记

本书源自于我的博士学位论文，也是人文社会科学研究项目“基于排污权交易制度的碳交易市场运行机制研究”（11YJC790098）和天津市“十二五”教育规划项目“基于学术共生视角的高校科研团队学术管理机制创新研究”（HEYP5010）资助的成果。

在这几年的科研工作以及博士生学习经历中，收获和艰辛都是令人回味的财富。在这里，我首先要感谢天津理工大学李健教授。他不论是在工作学习，还是在生活中都给了我无微不至的指导和照顾。在我工作困惑的时候，在我研究遇到“瓶颈”的时候，在我生活迷茫的时候，李老师像灯塔一样为我指明了方向。这一代管理学家对科研和生活执著和严谨的态度，非常令人敬佩和值得我们学习。同时，我还要感谢苑清敏教授，也就是我的师母。如果说李老师是严师的话，那苑老师就是慈母。她从生活上给了我很多的关心和帮助，让身处异乡的我感受到了家一样的温暖。

其次，我要感谢我的老师们。何桢教授、高迎平教授、张学民教授在我的科研学习过程中给予了很多可行性的建议和帮助，为我科研生涯顺利进行打下了良好的基础。

再次，我要感谢我的同事。天津理工大学的胡彪老师、李春发老师、裴小兵老师、安小会老师、陈力杰老师，跟他们的交流与合作扩宽了我的研究思路和领域。

此外，我还要感谢我的朋友们。天津理工大学的周慧、张吉辉、唐燕、郝珍珍，谢谢大家给我的帮助。

最后，我要感谢我的家人，他们对我的关心和照顾是我前进的动力和源泉。感谢岳父岳母对我默默的支持，感谢我父母的养育之恩，尤其要感谢我的妻子郑红梅和女儿刘庭月。由于我的工作学习忙碌，没能很好地照顾她们，但是她们依然鼓励、支持着我，没有丝毫的怨言，她们给了我一个爱的港湾，让我每天都能精神饱满的扬帆远航。

这本专著的完成意味着人生一个新的开端，我将带着老师和朋友们的厚爱，带着家人的疼爱和挂念，在教学科研的工作岗位上继续努力，争取获得更大的成绩。北洋大学给予我的宝贵精神财富必将使我受益终身。

由于水平有限，书中诸多不足之处，欢迎广大专家和同仁批评指正。

刘炳春

2012 年 3 月